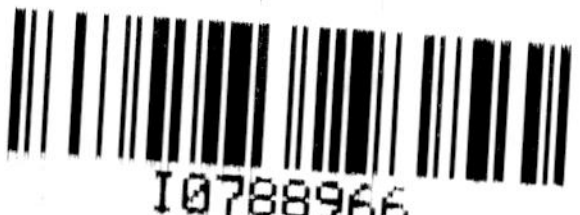

THIS BOOK BELONGS TO:

____

____

____

____

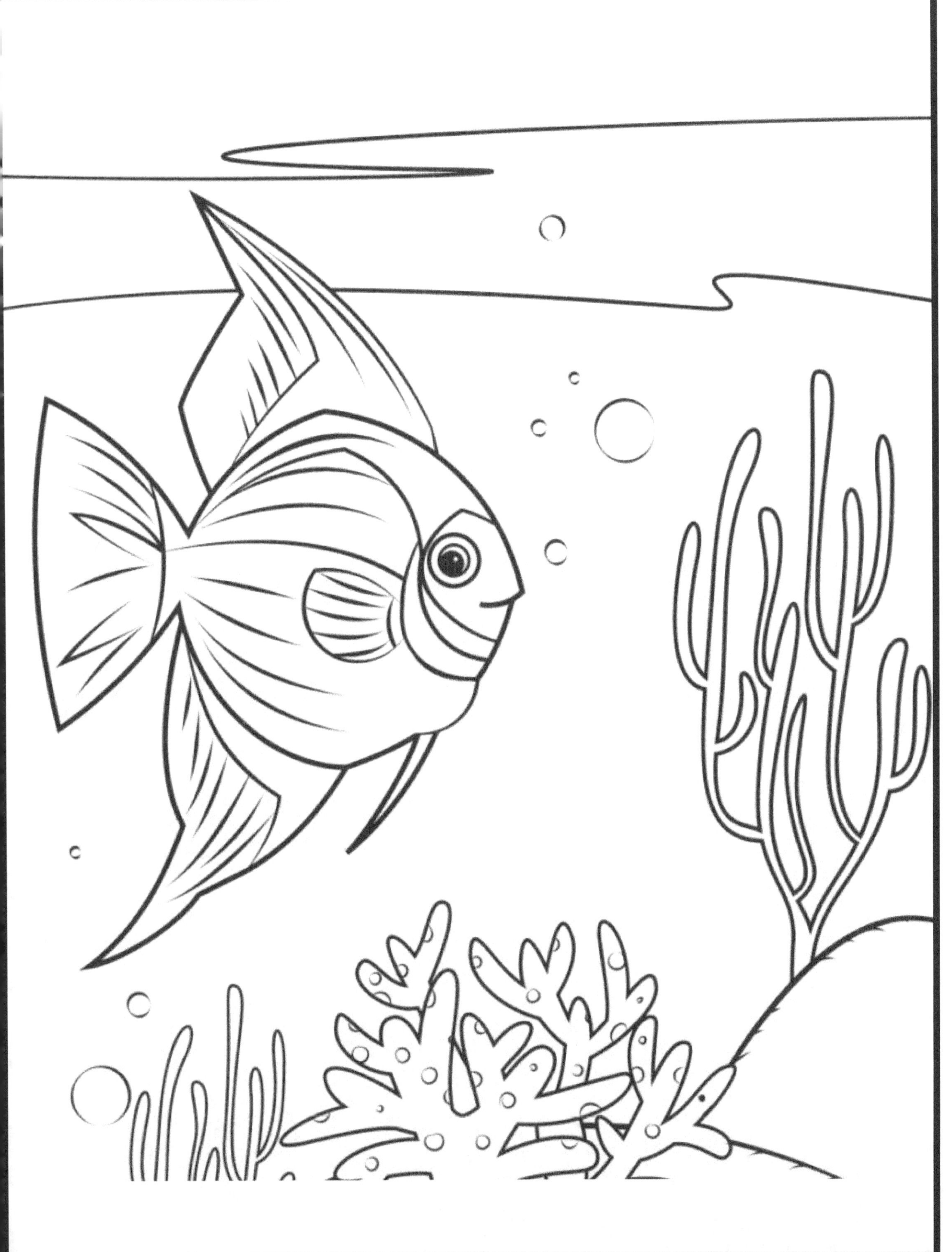

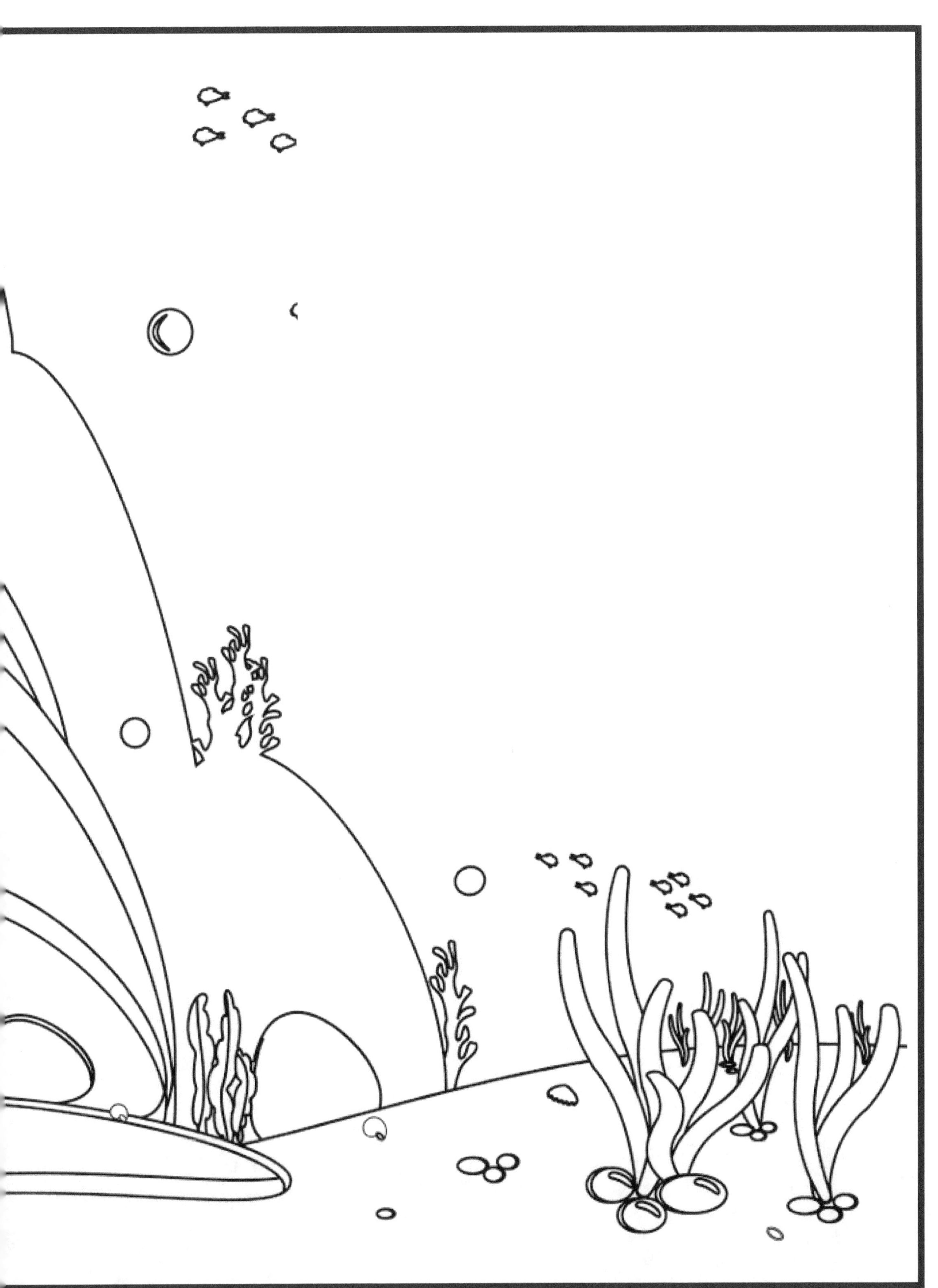

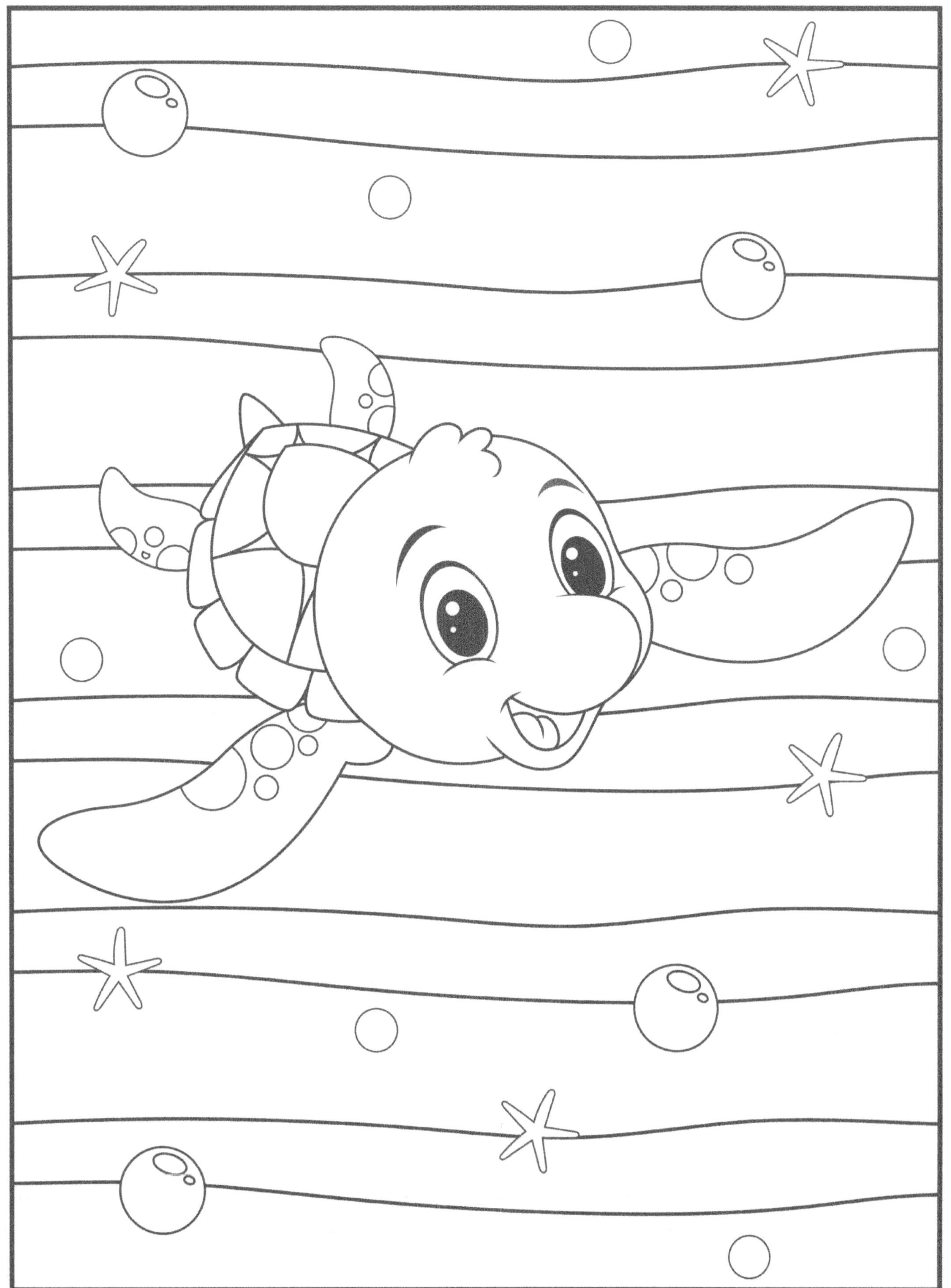

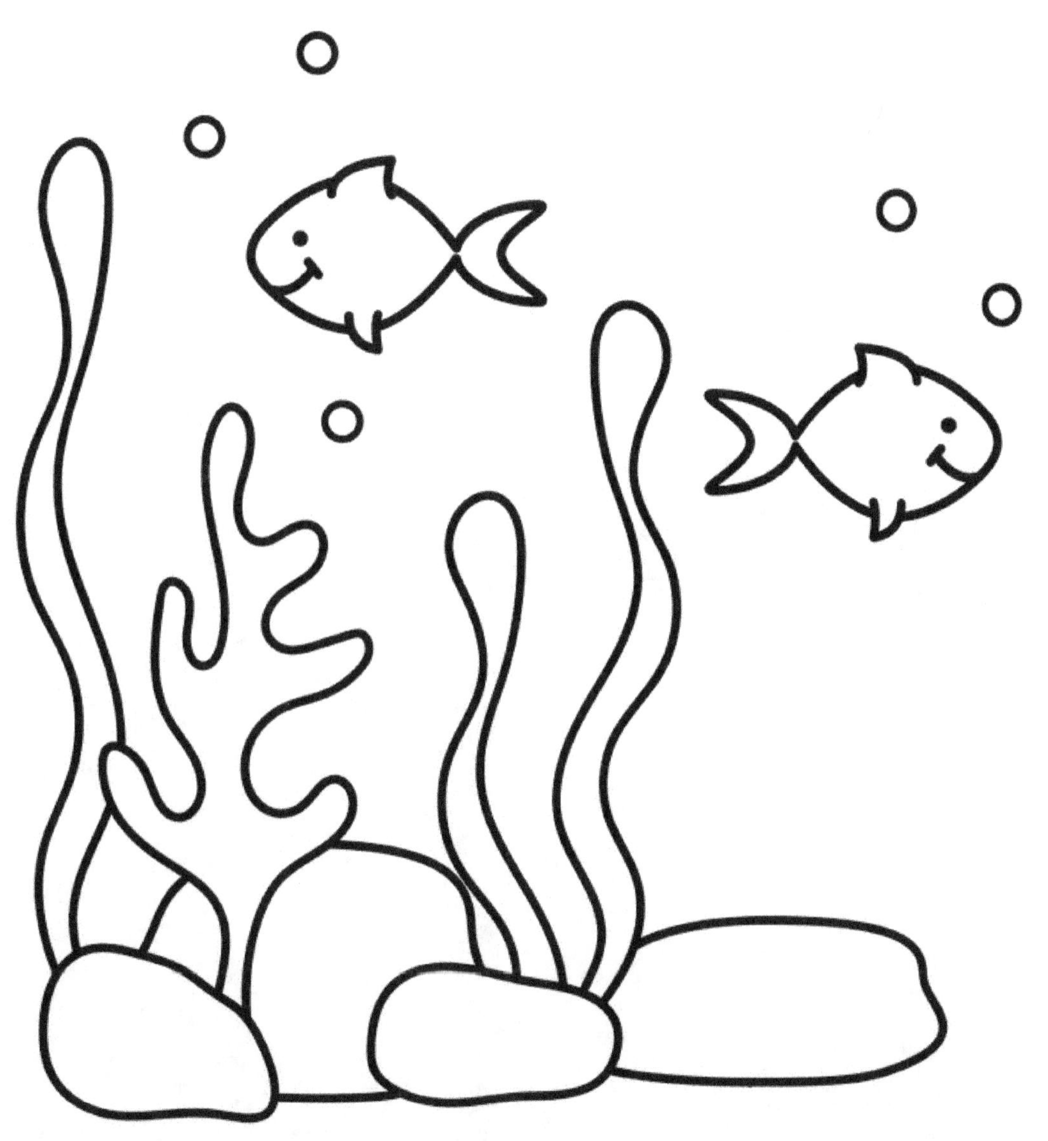

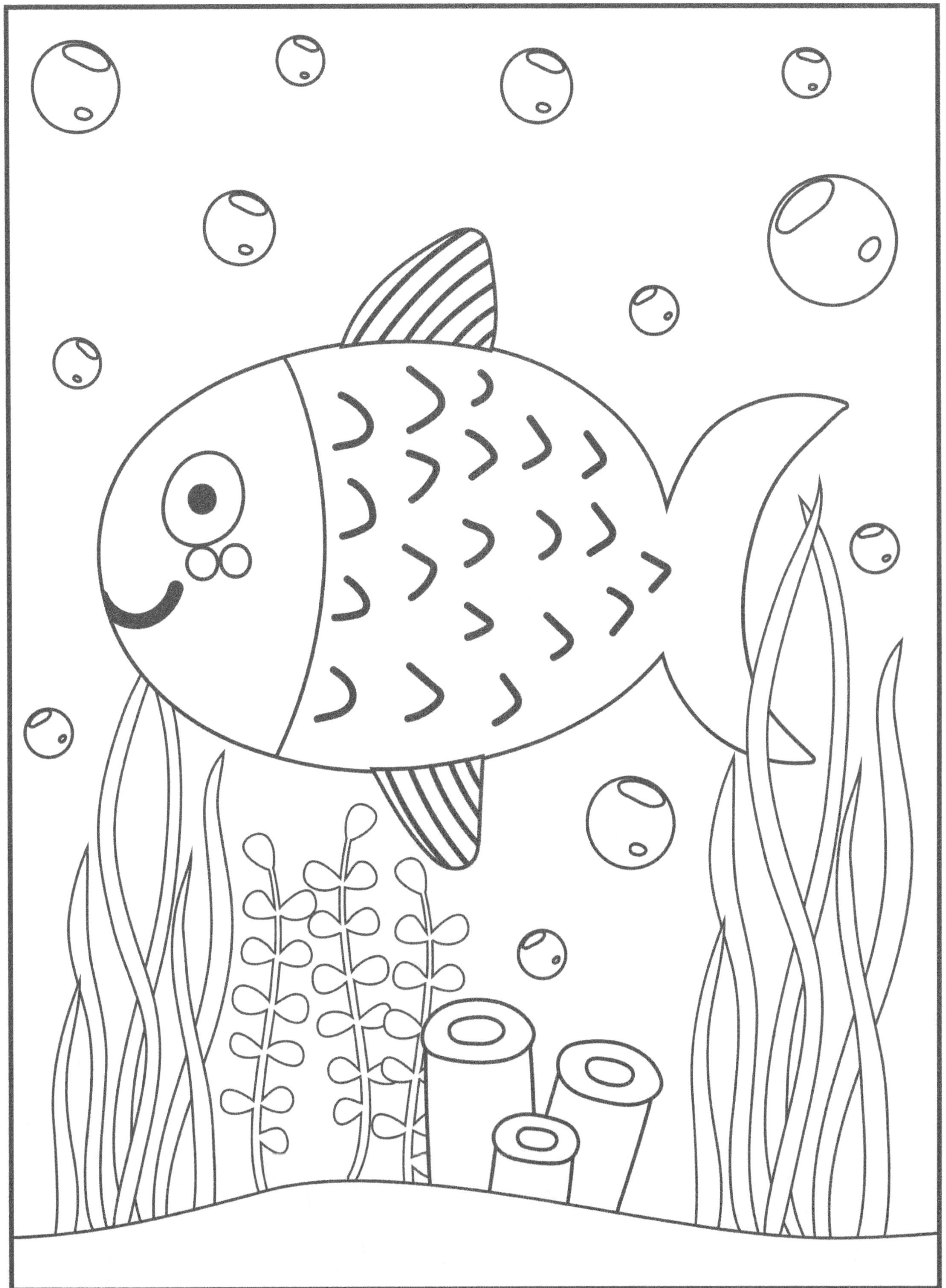

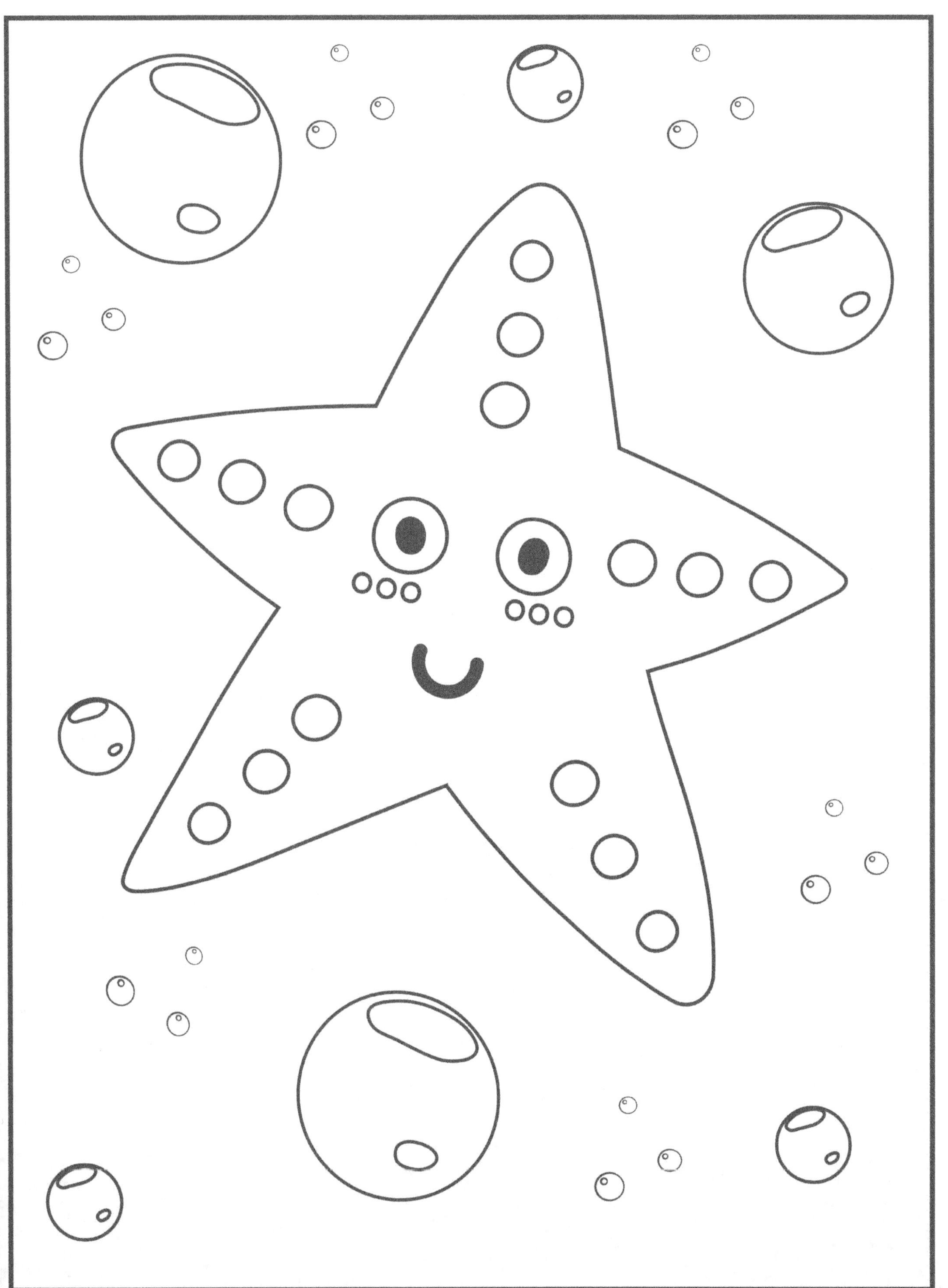

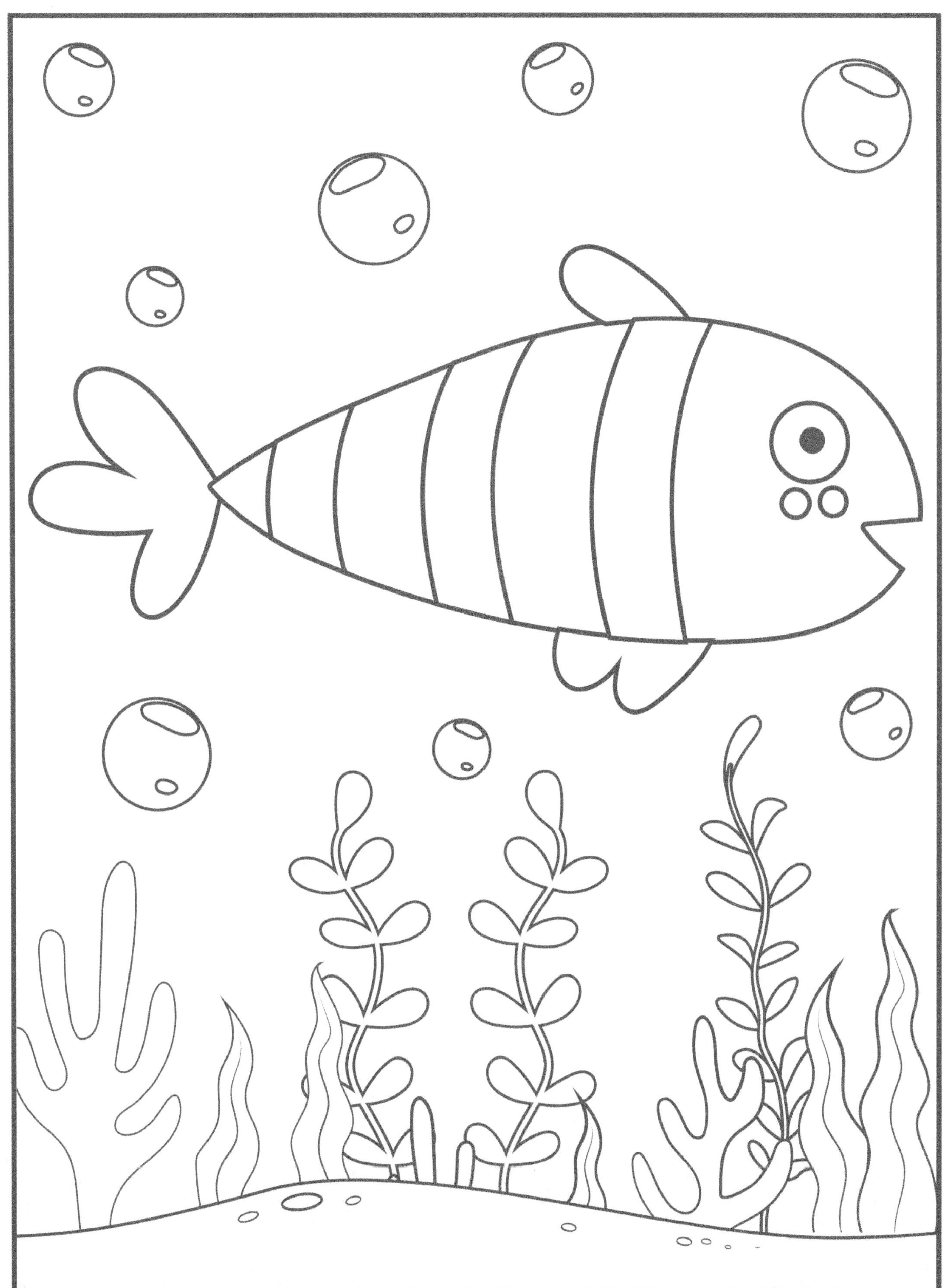

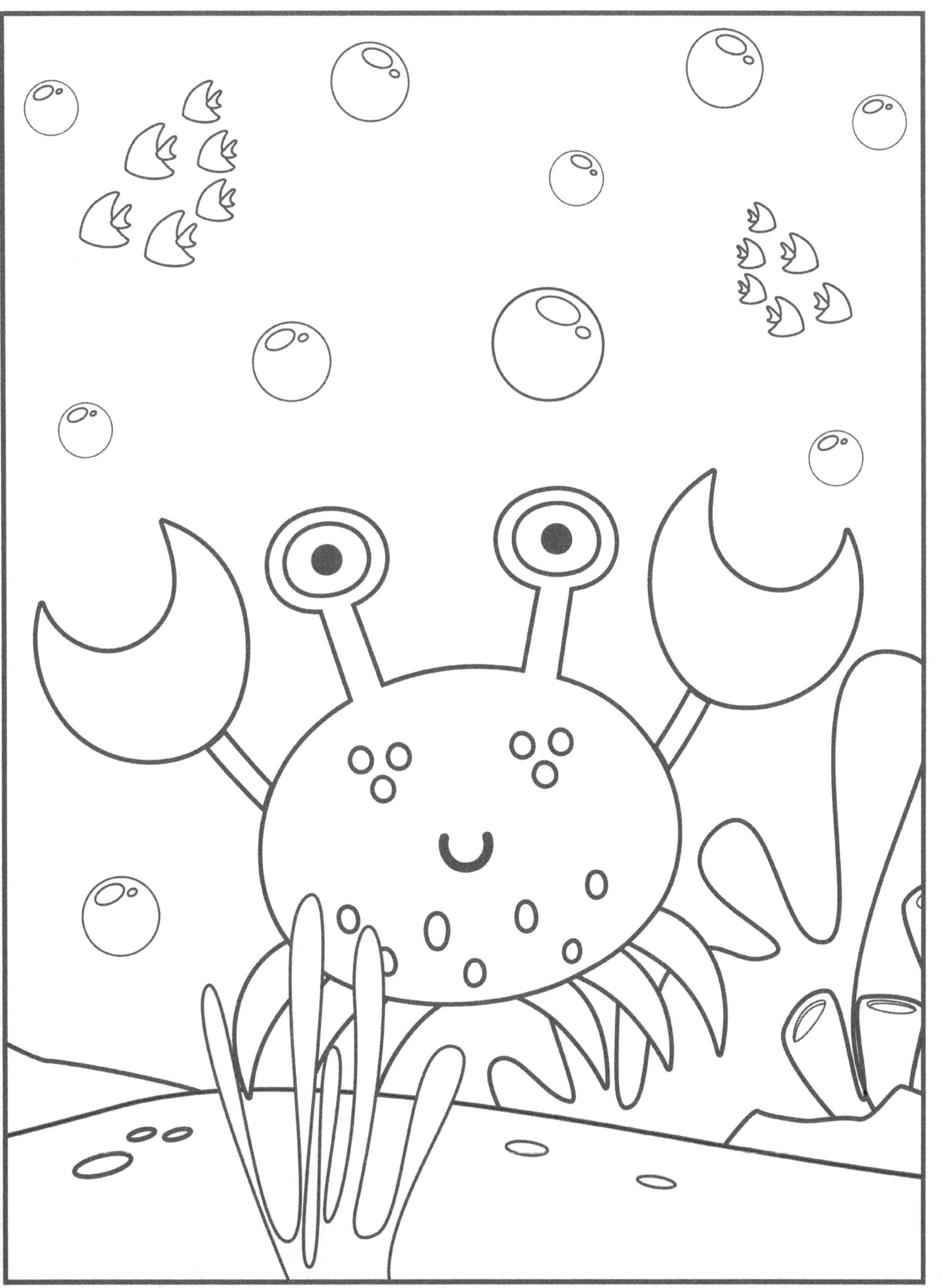

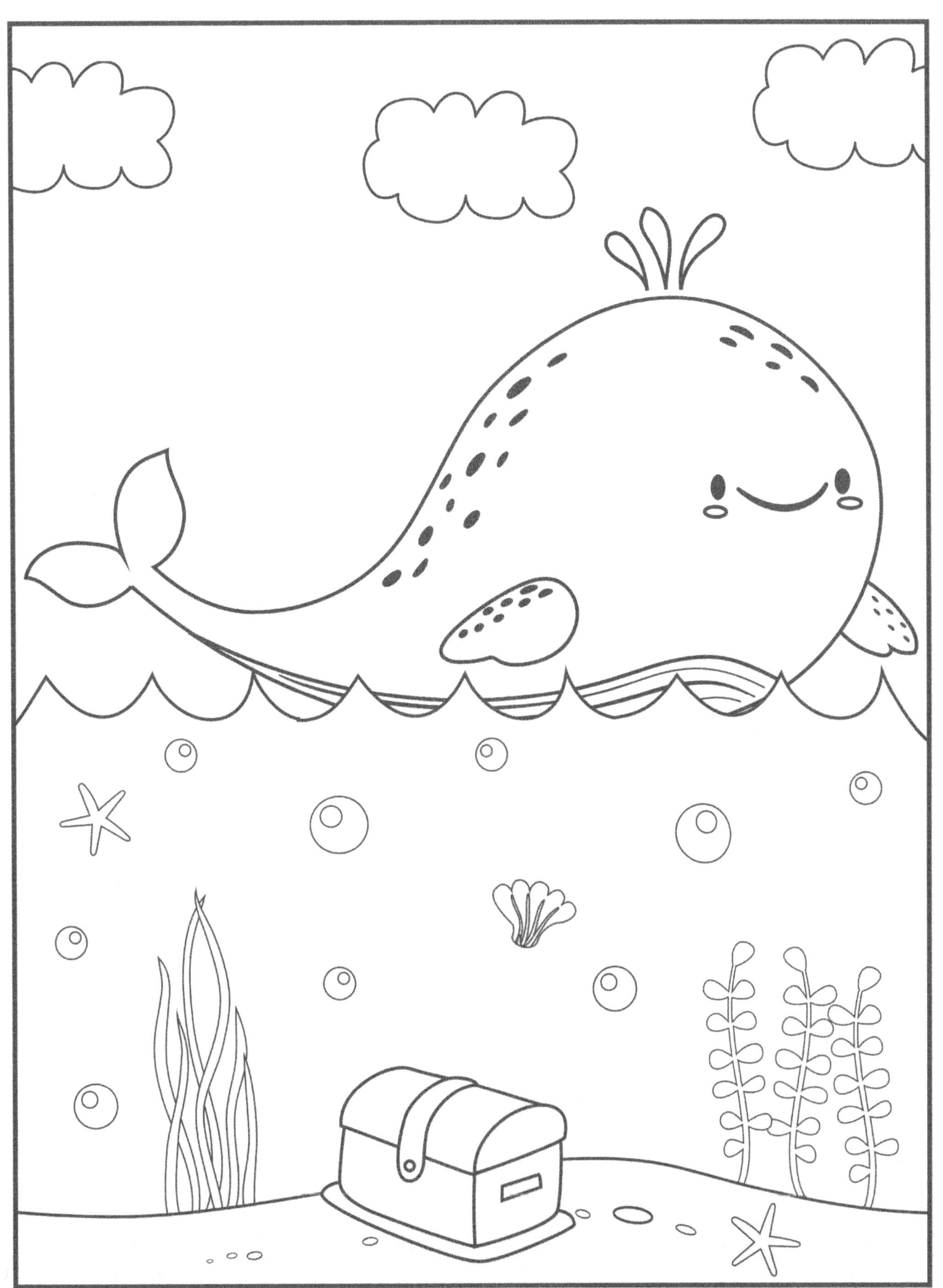

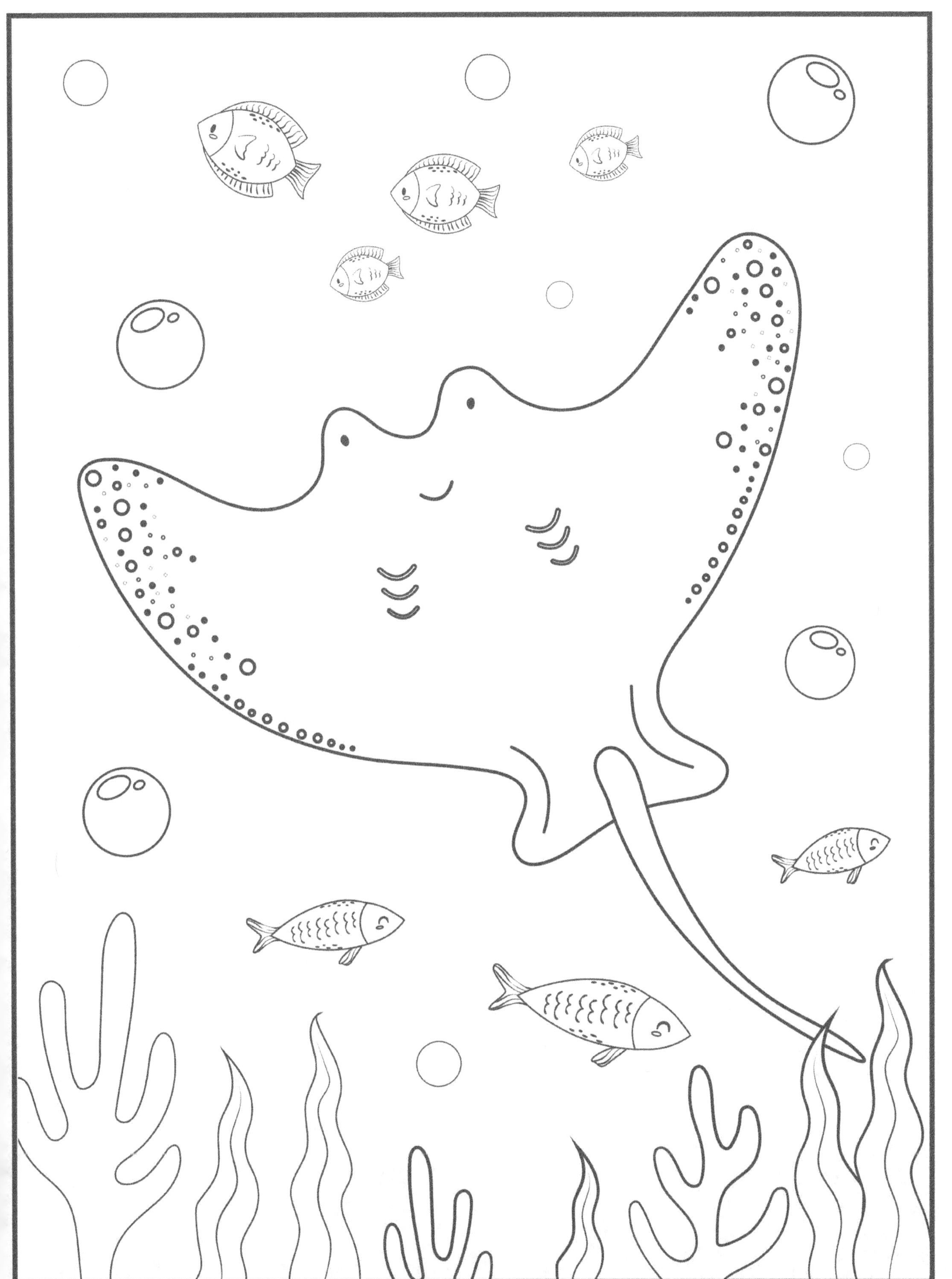

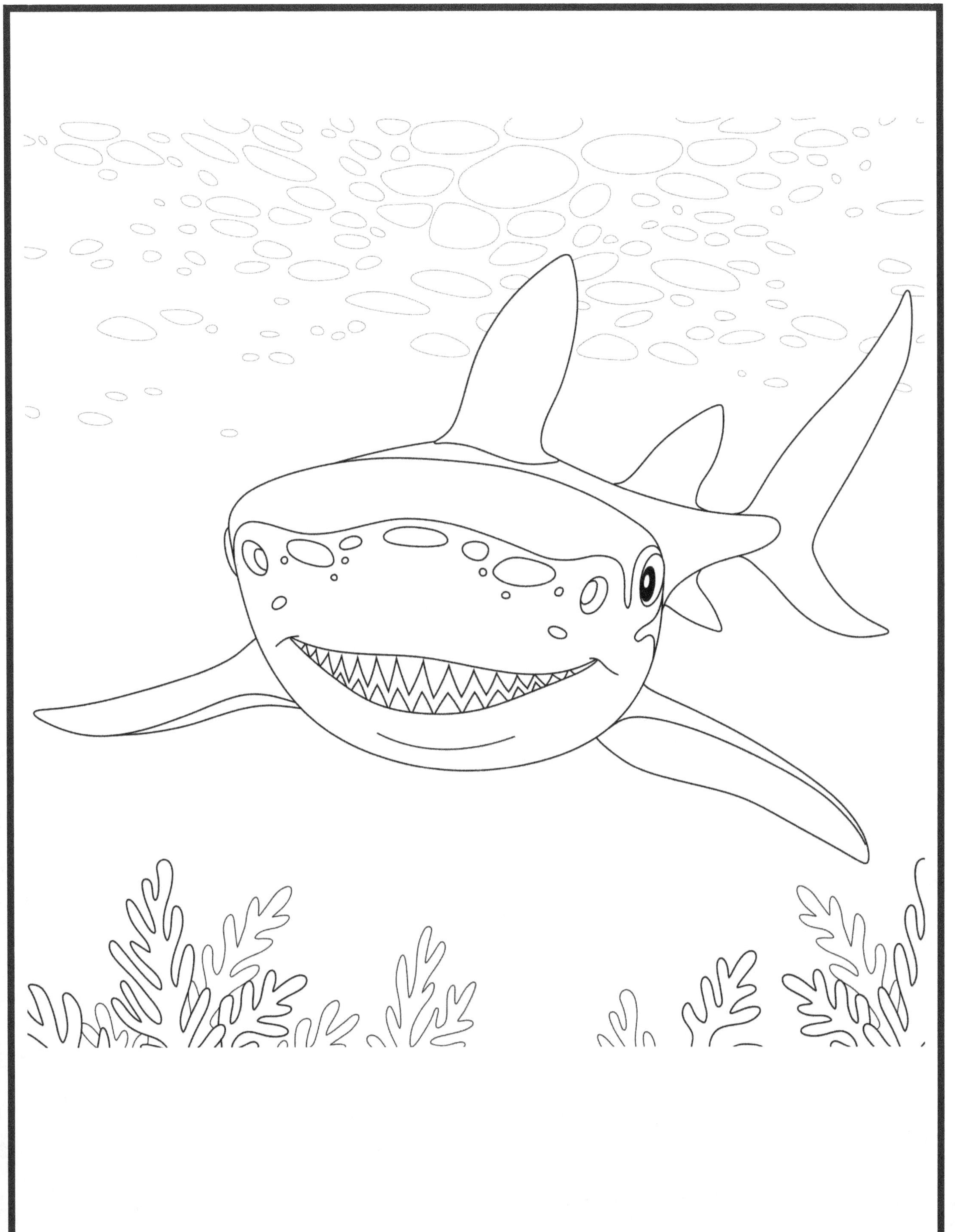

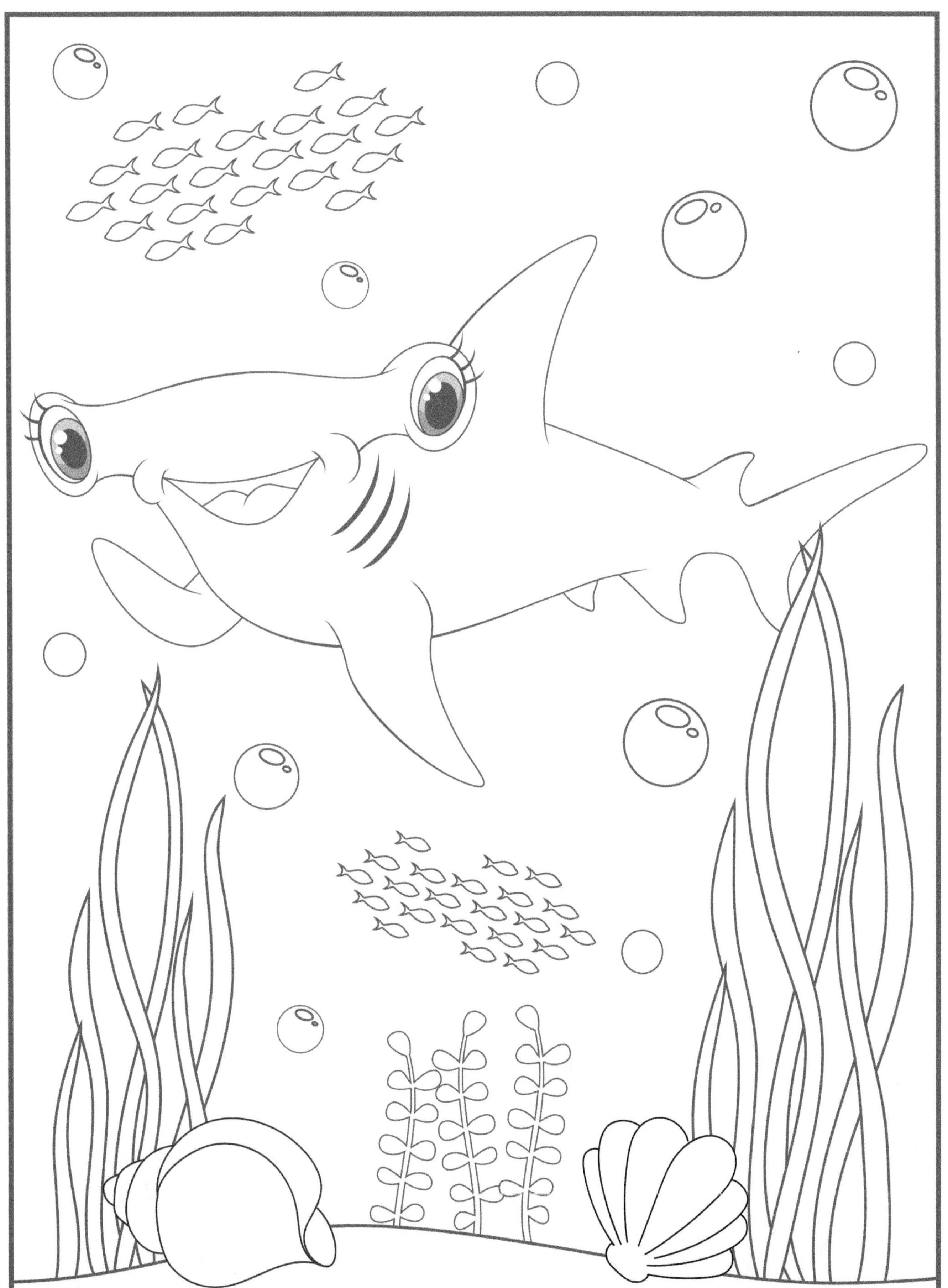

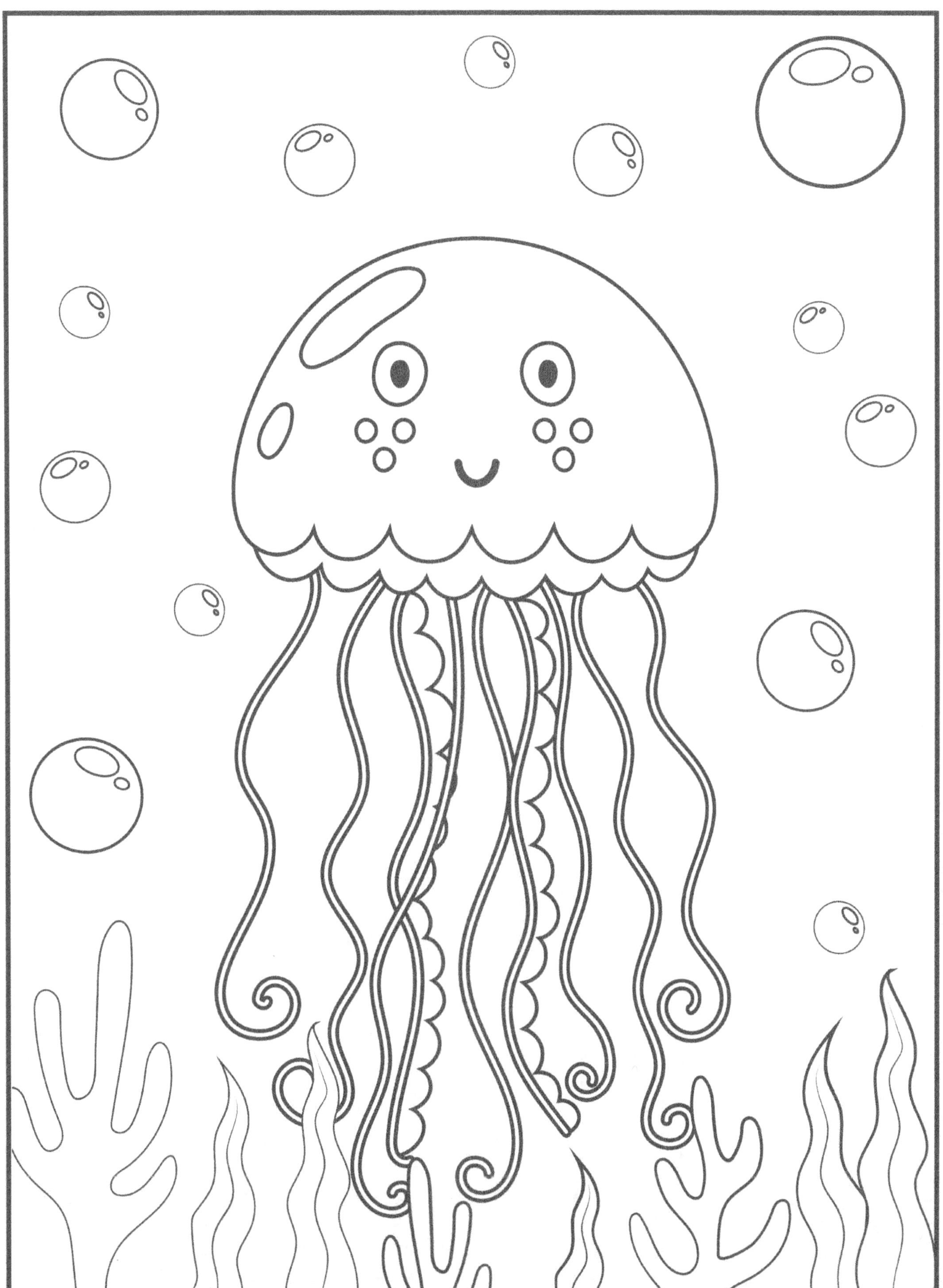

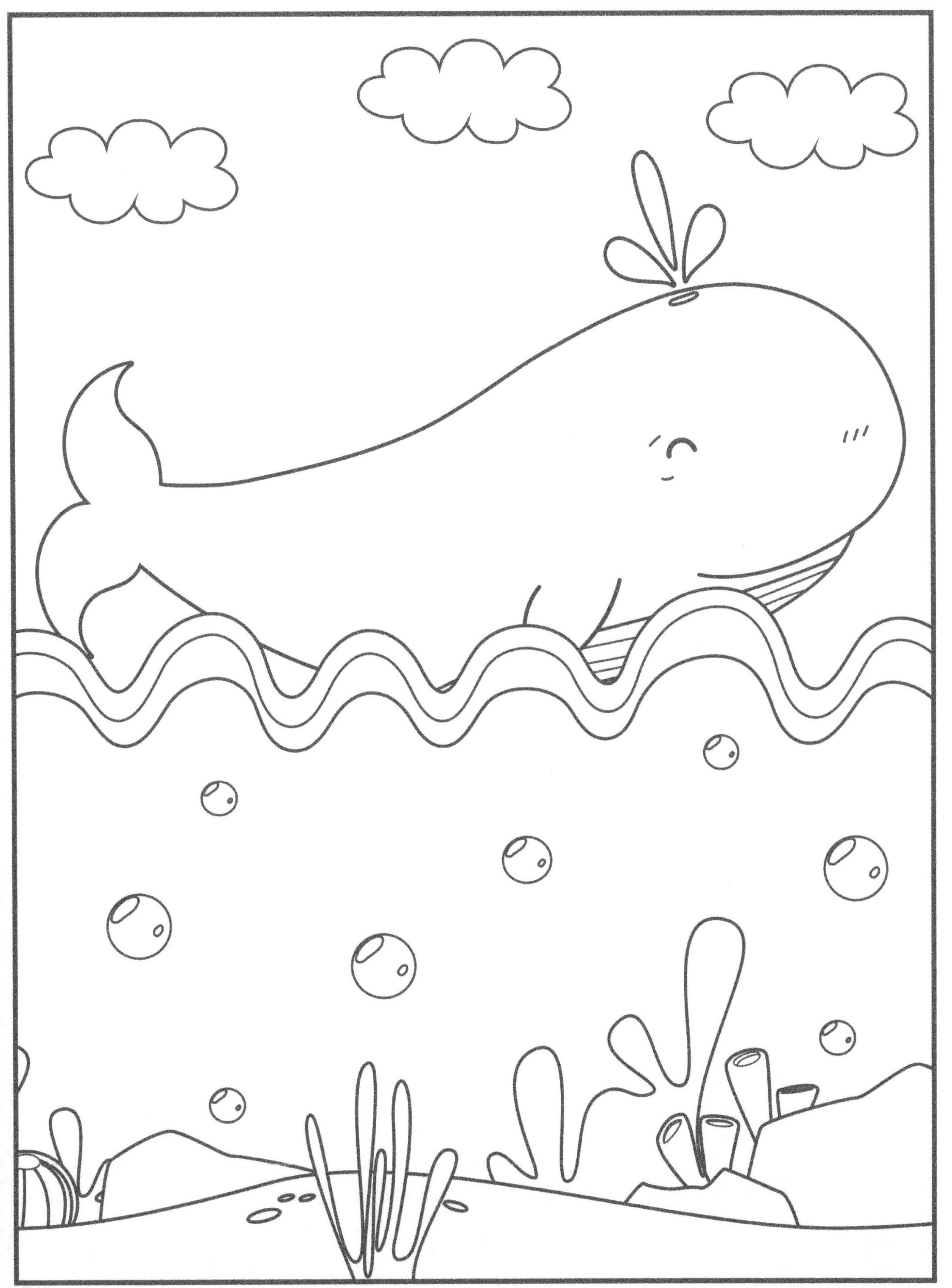

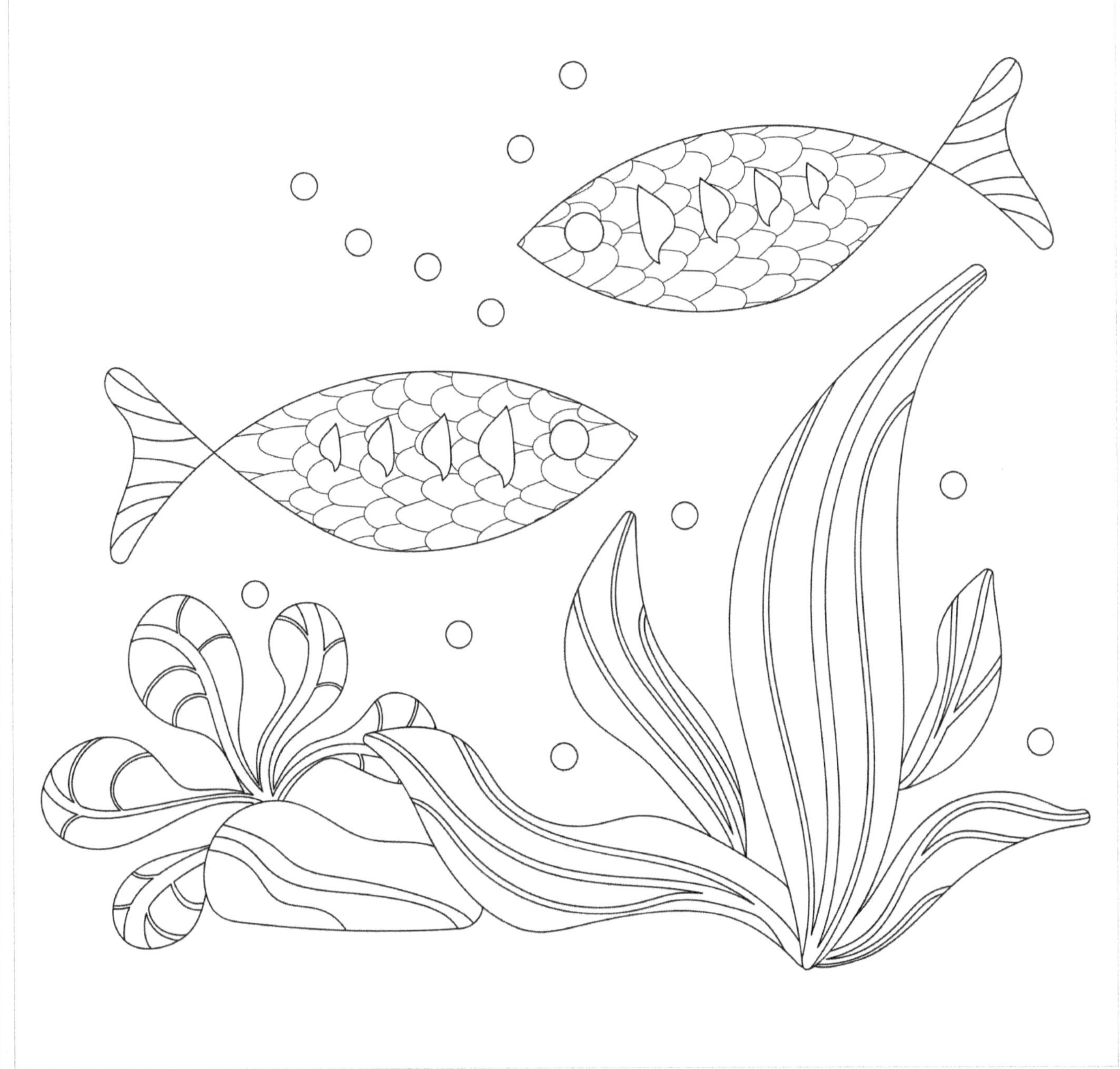

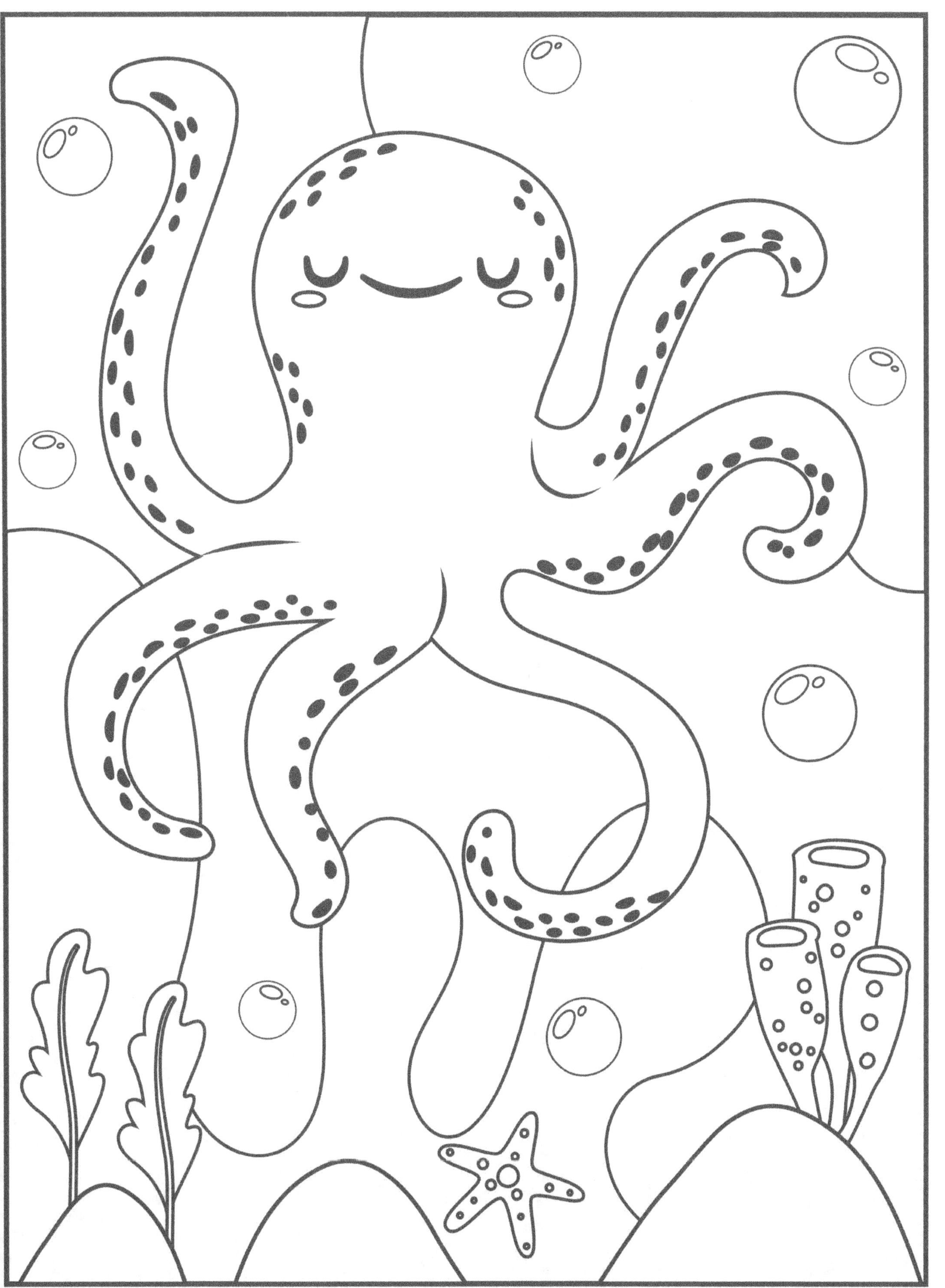

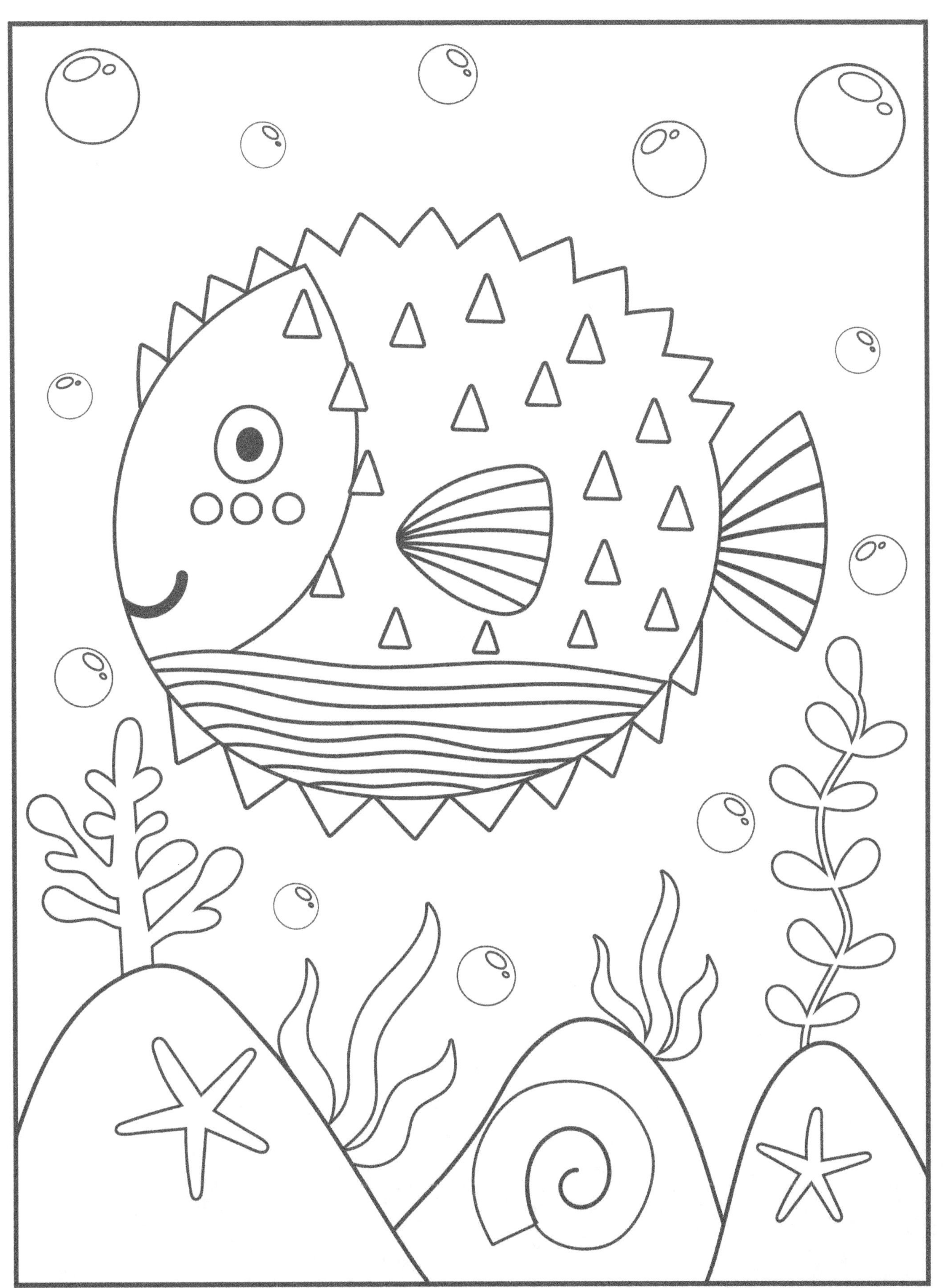

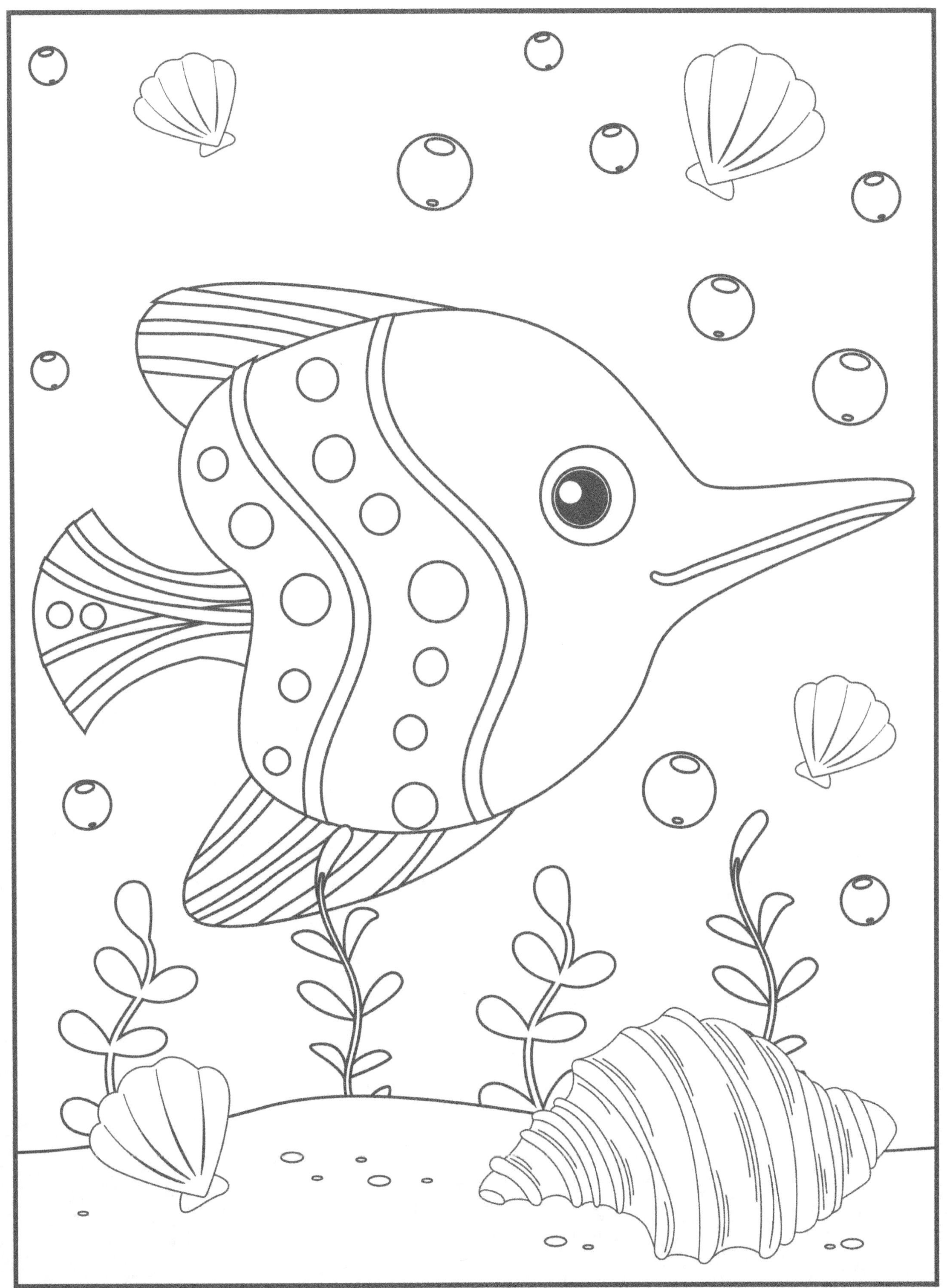

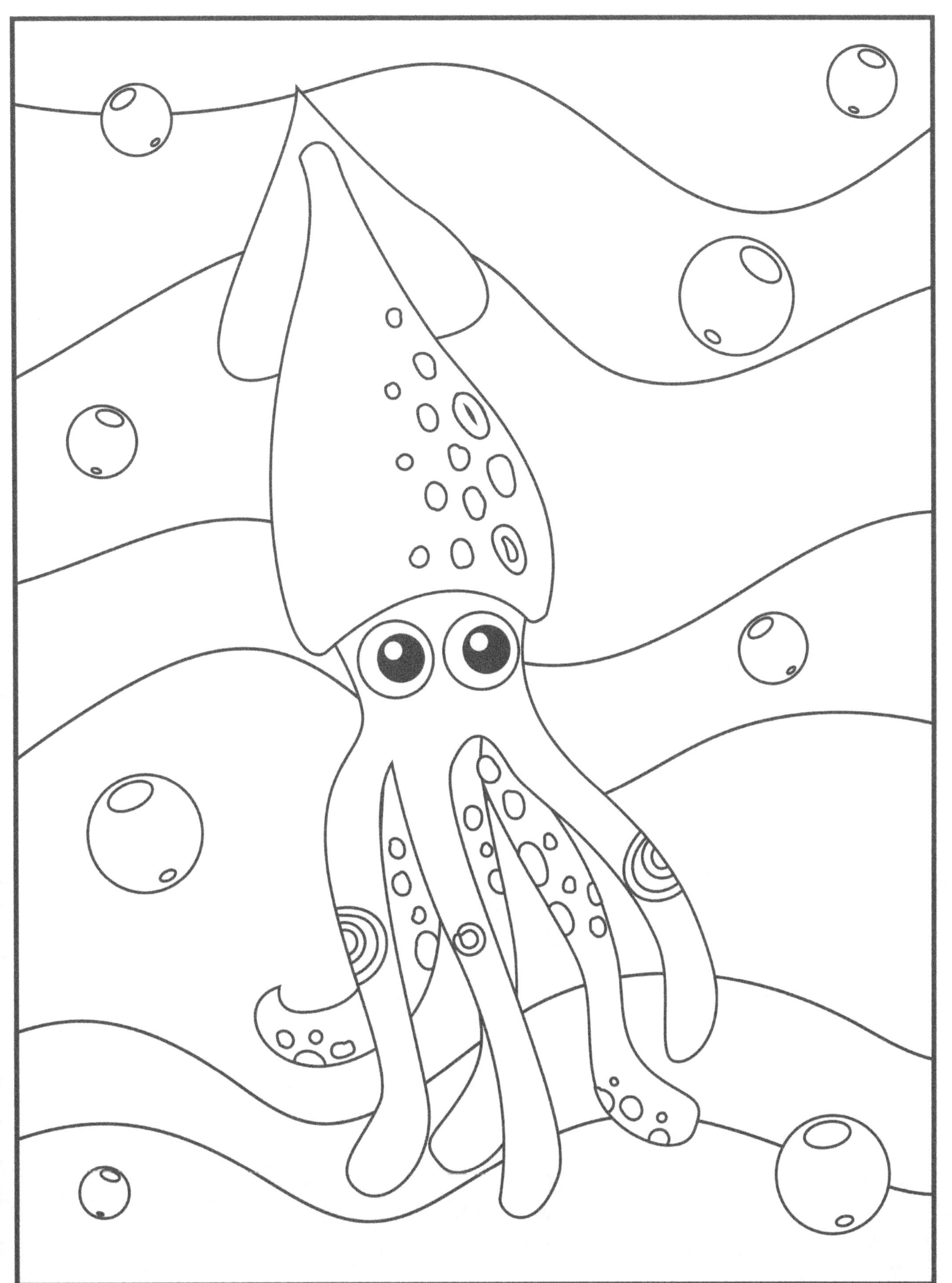

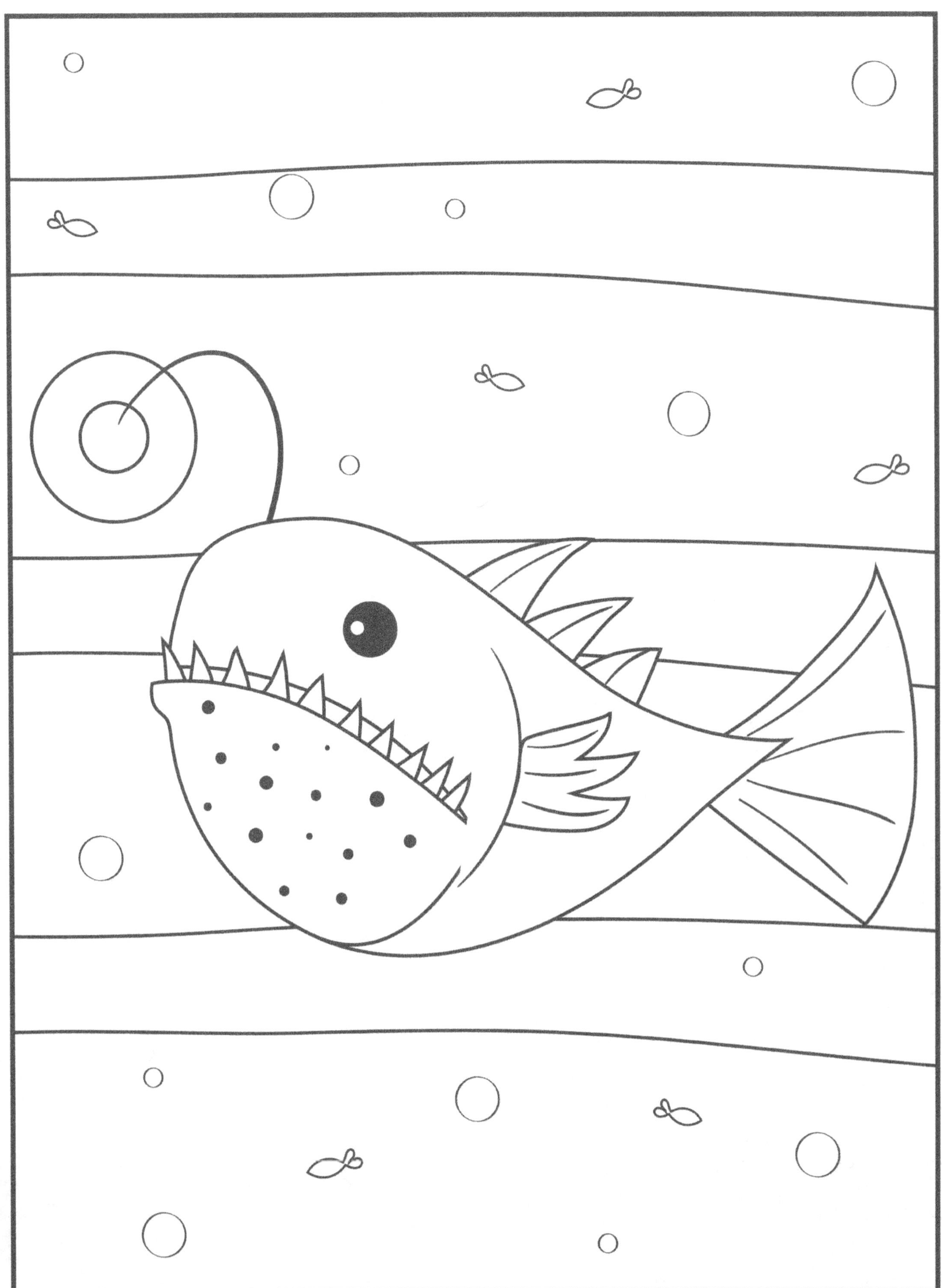

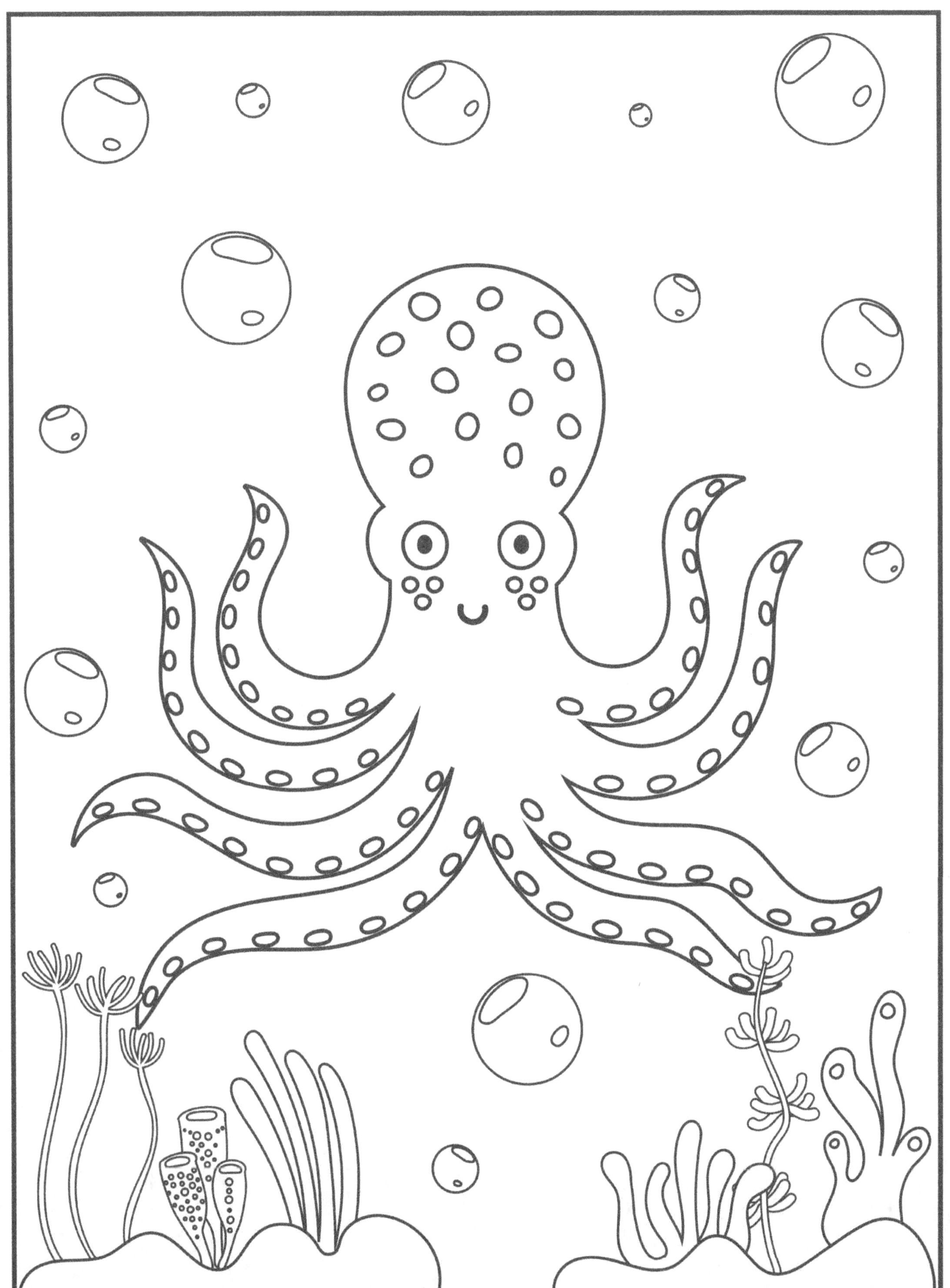

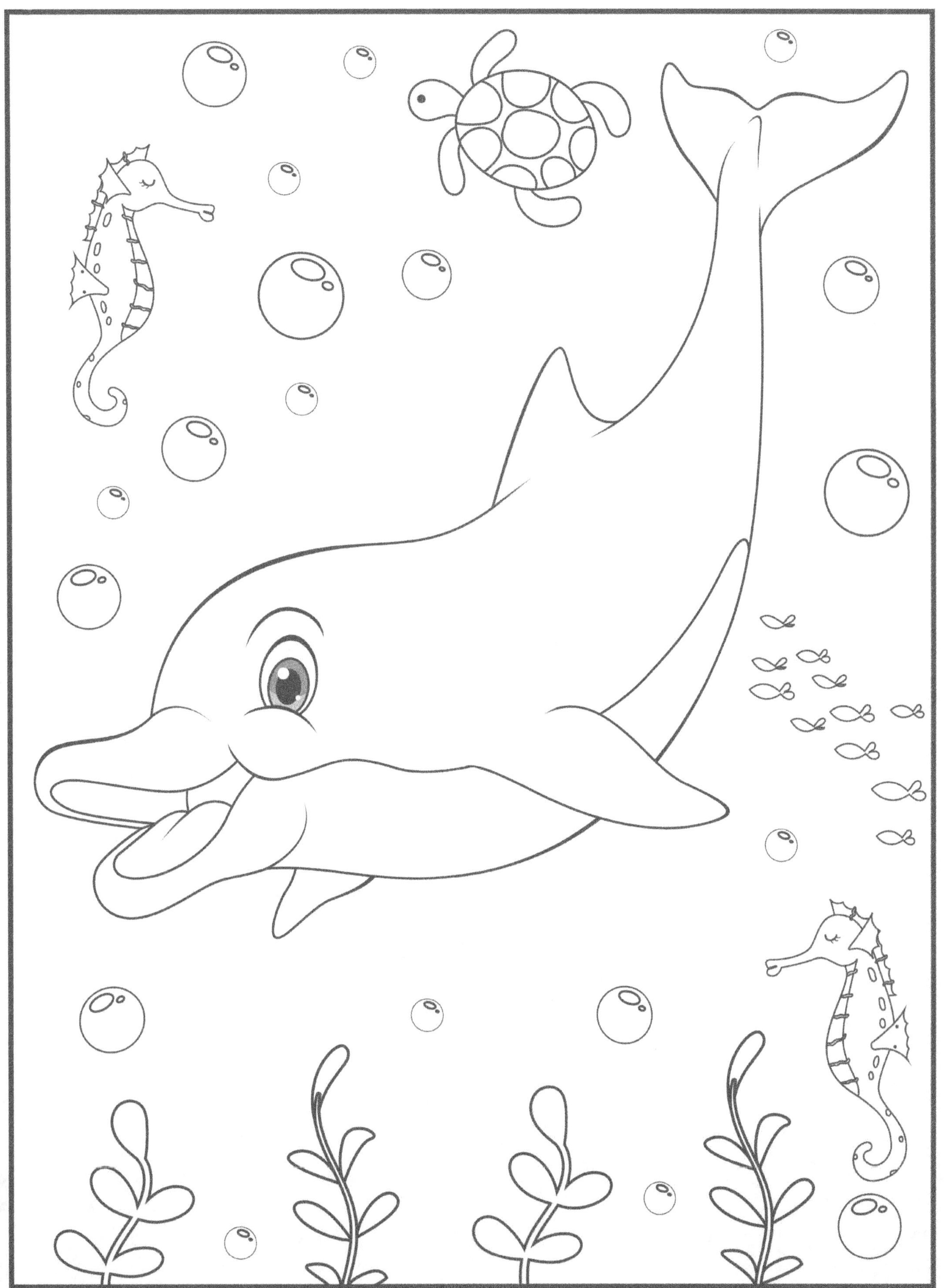

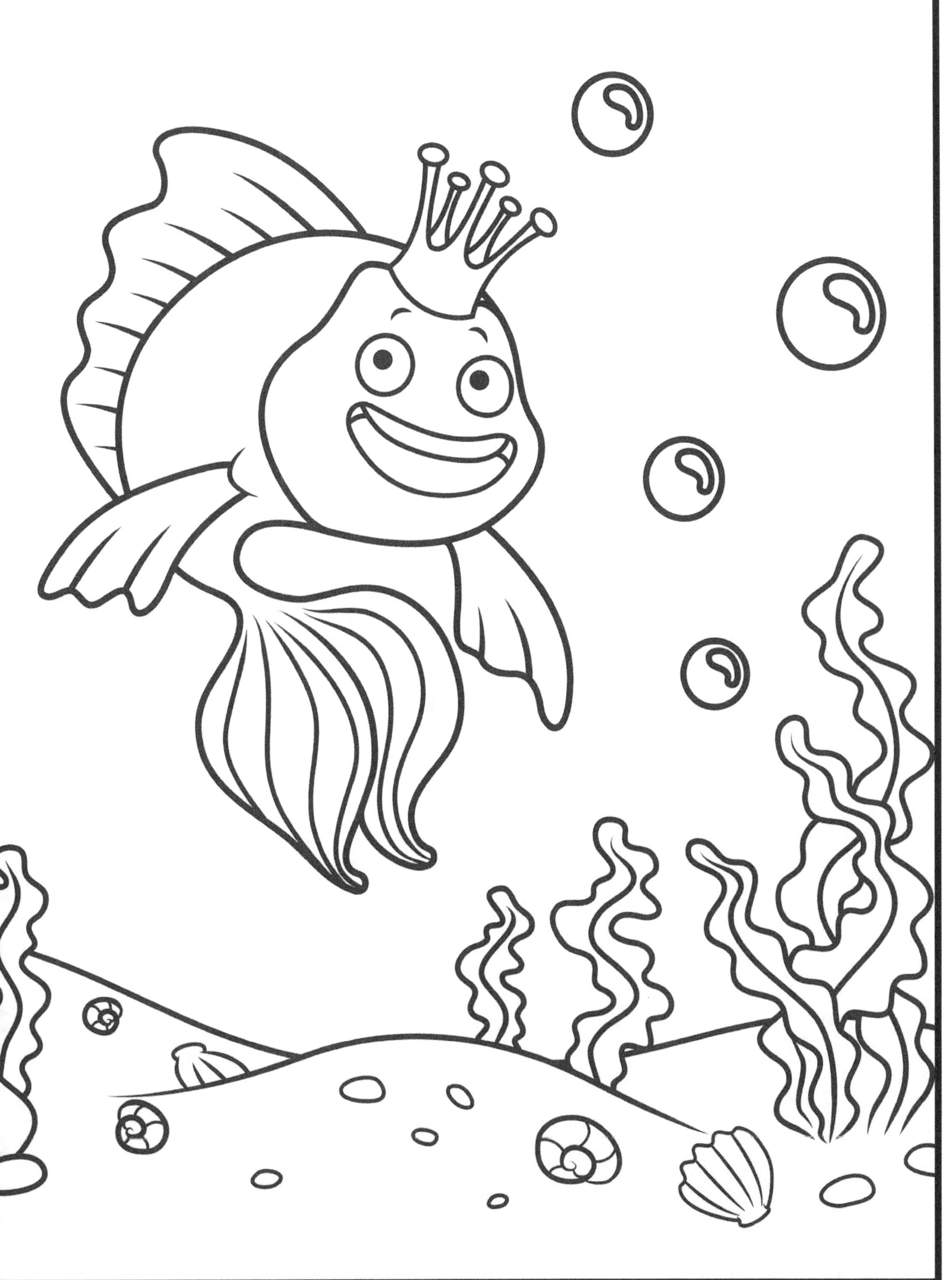

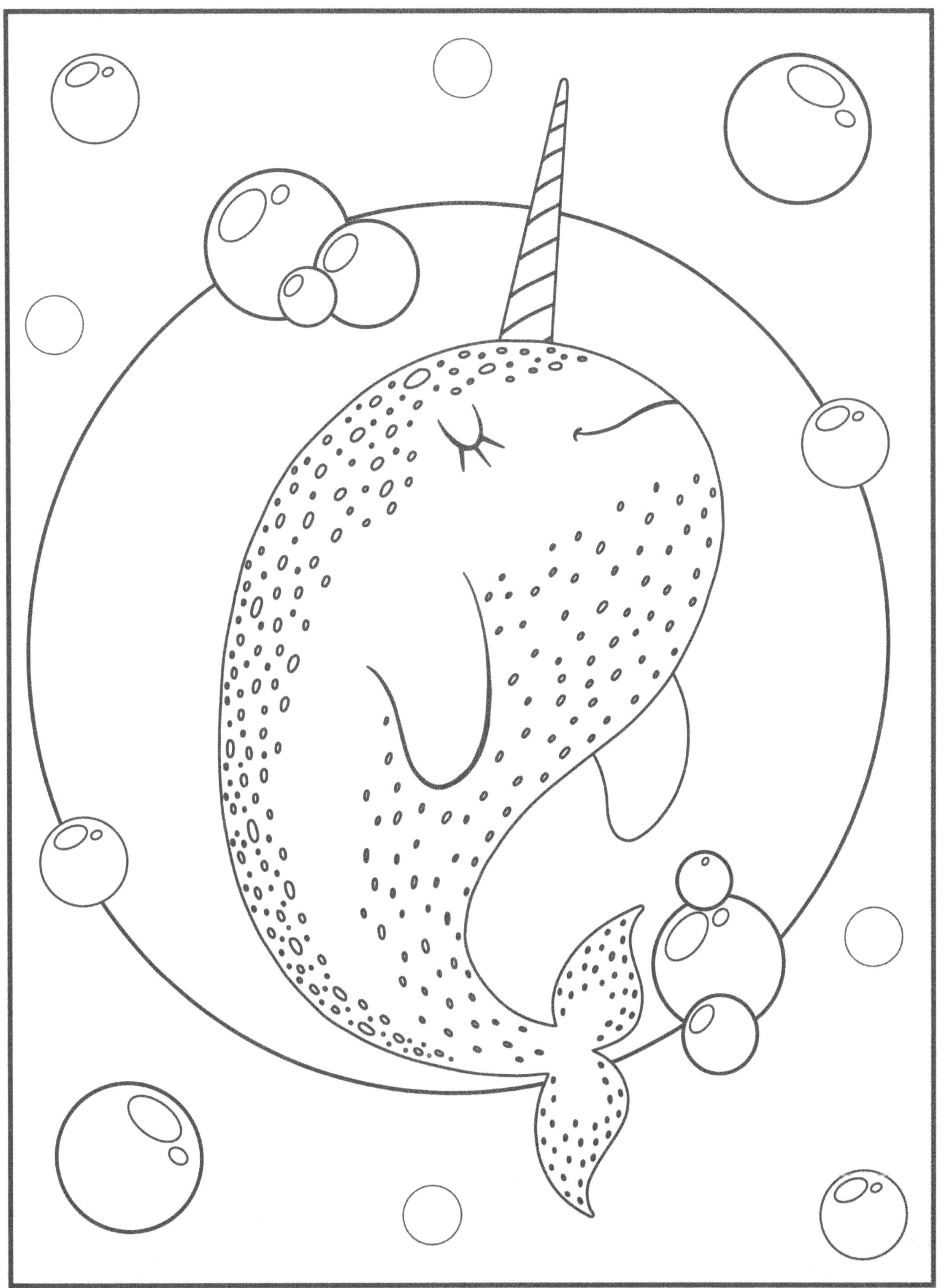

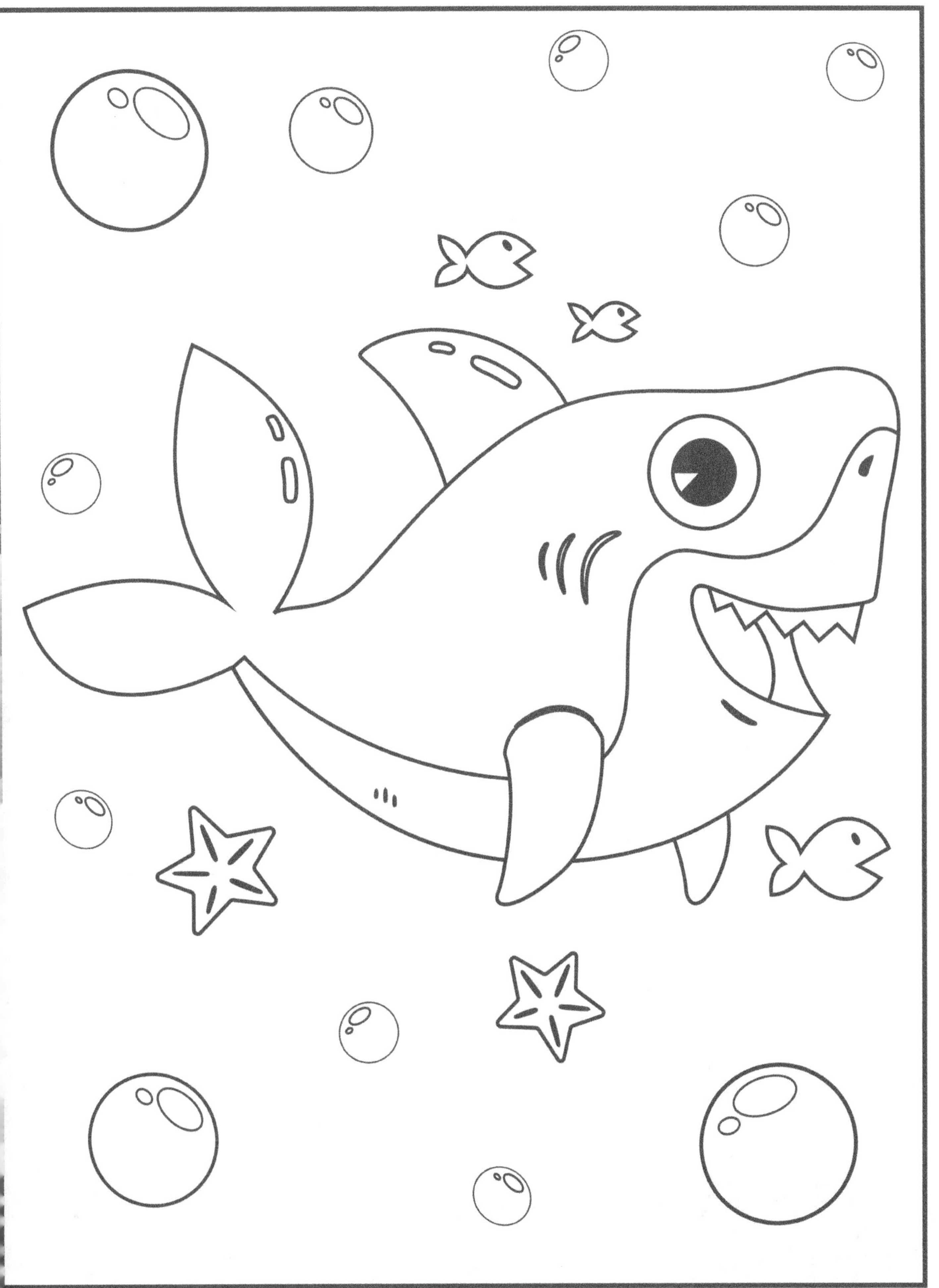

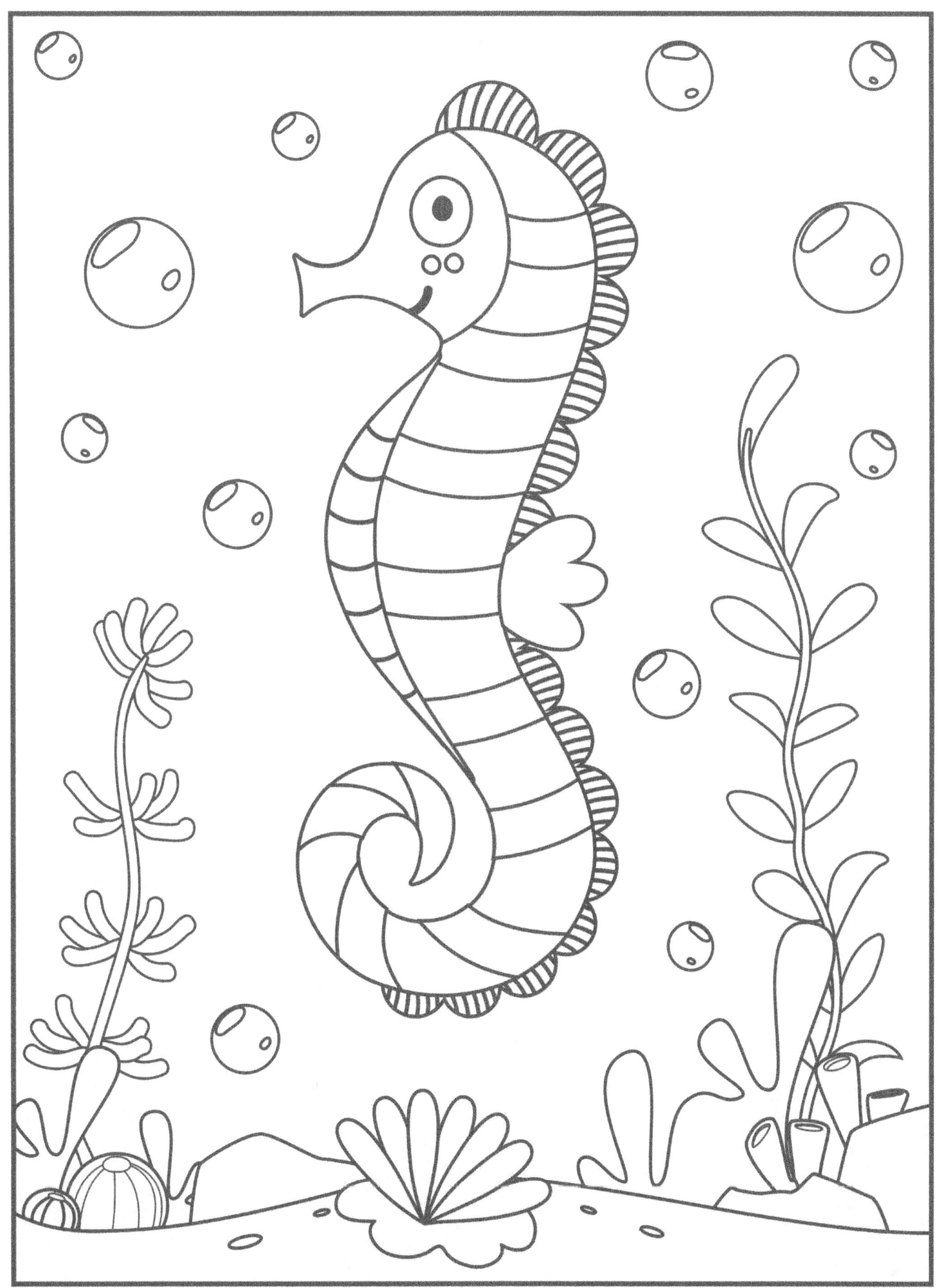

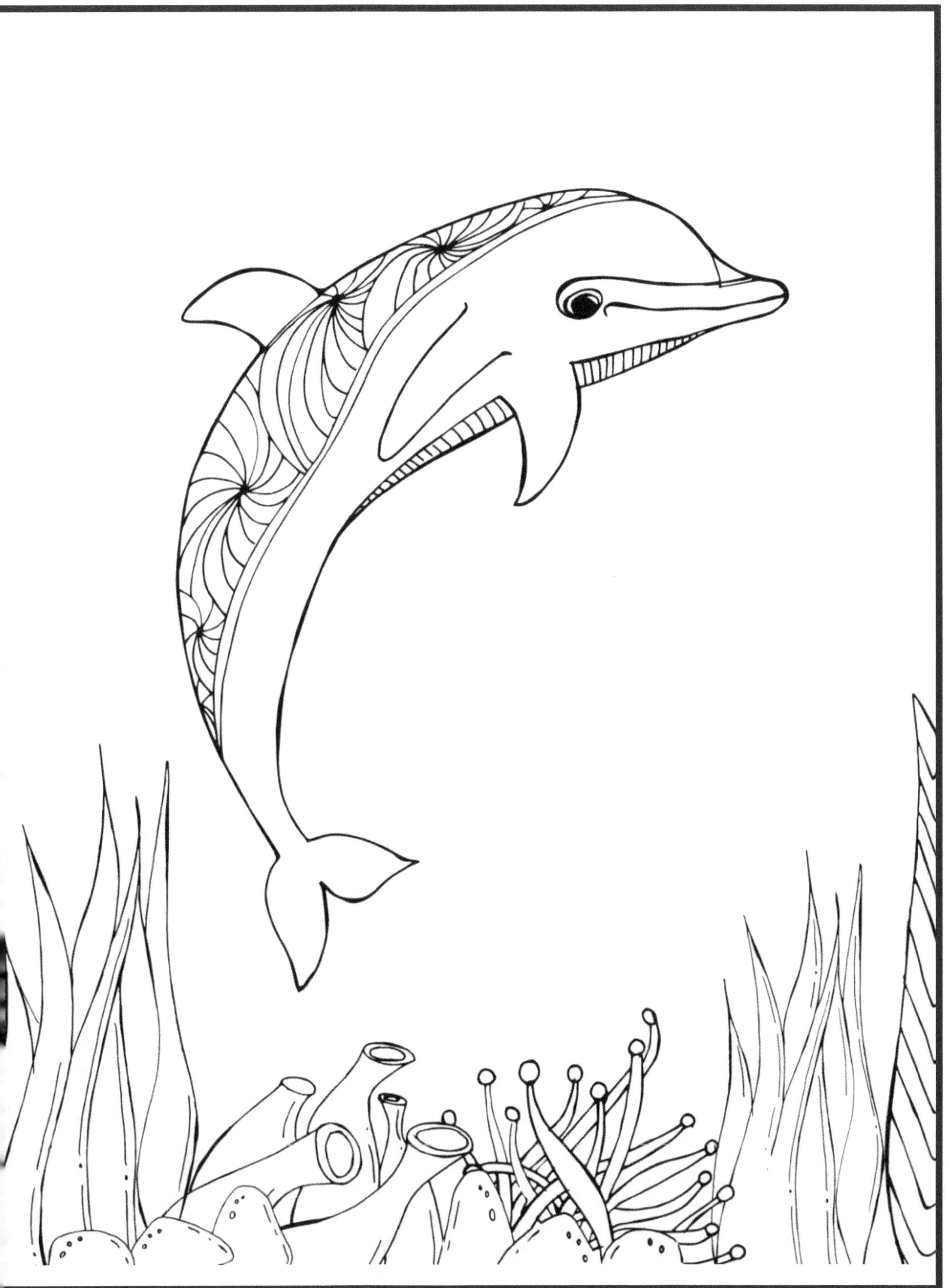

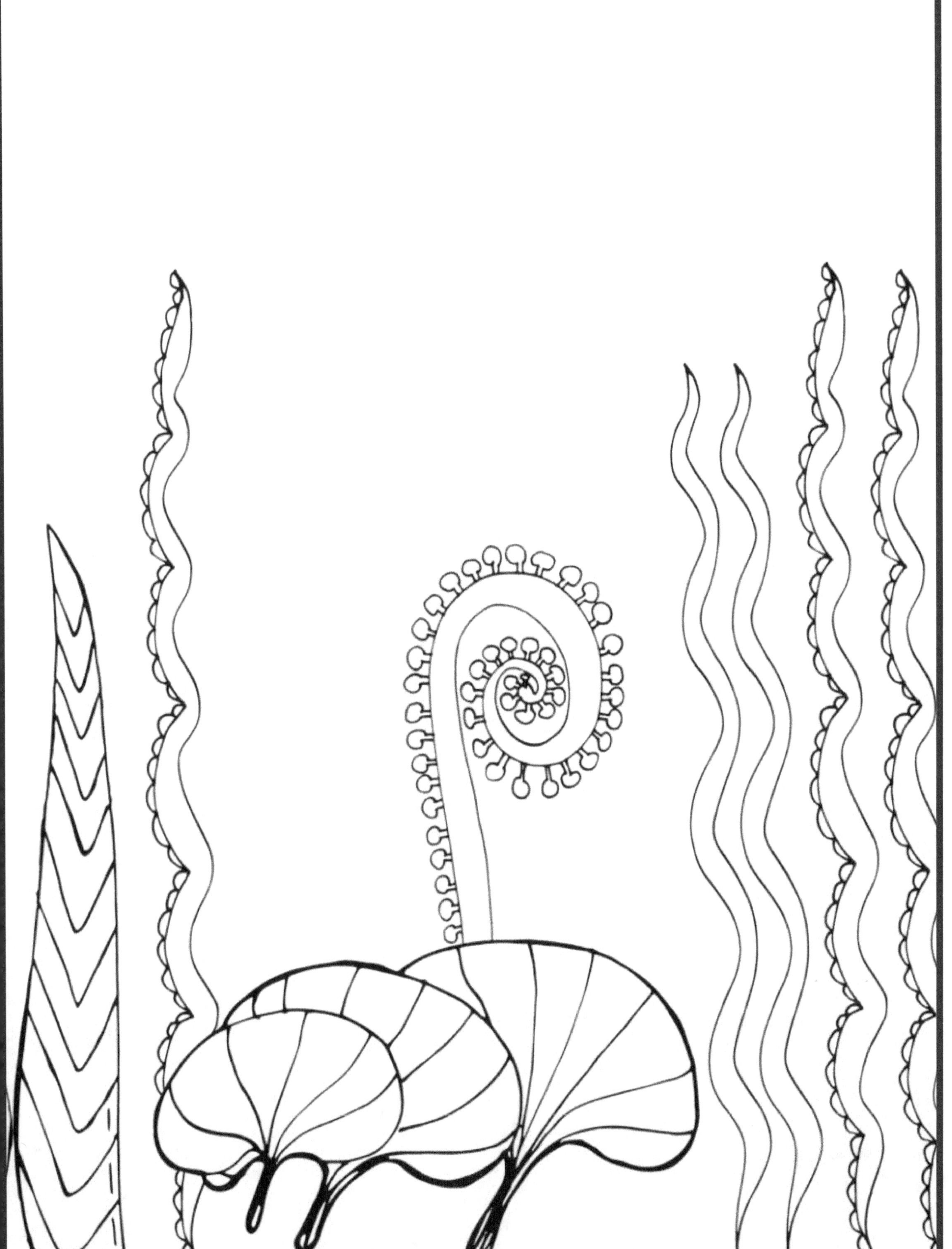

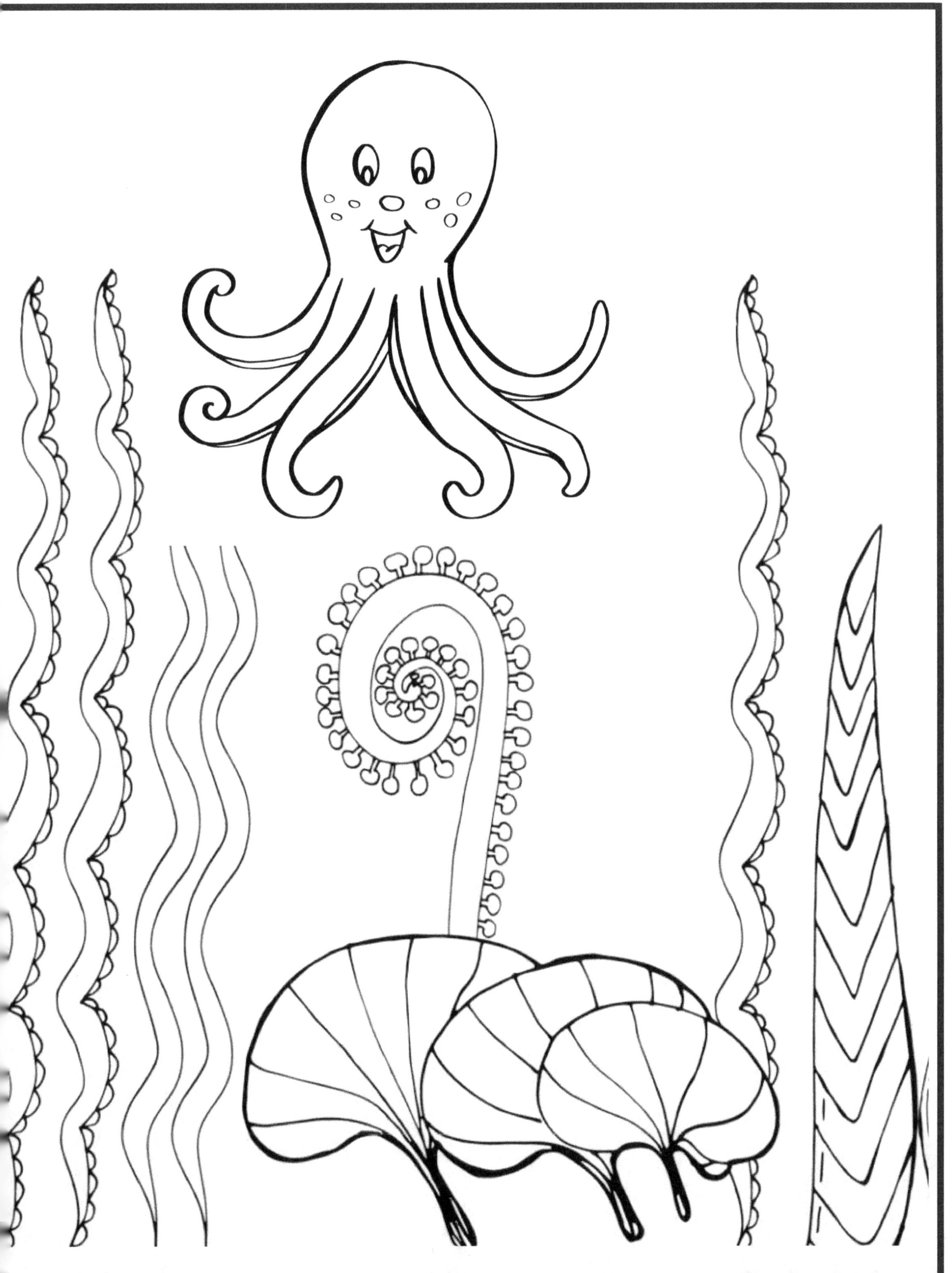

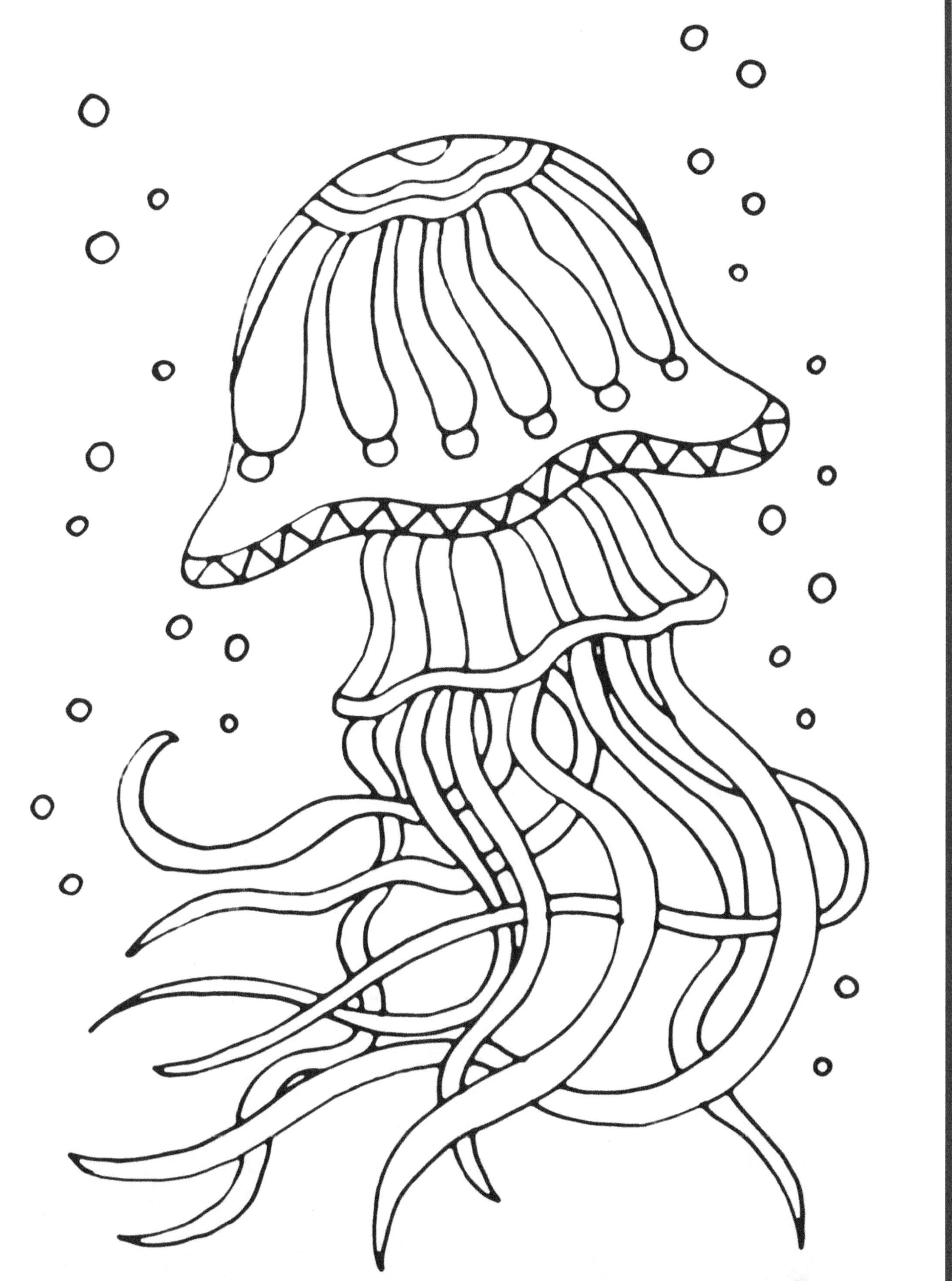

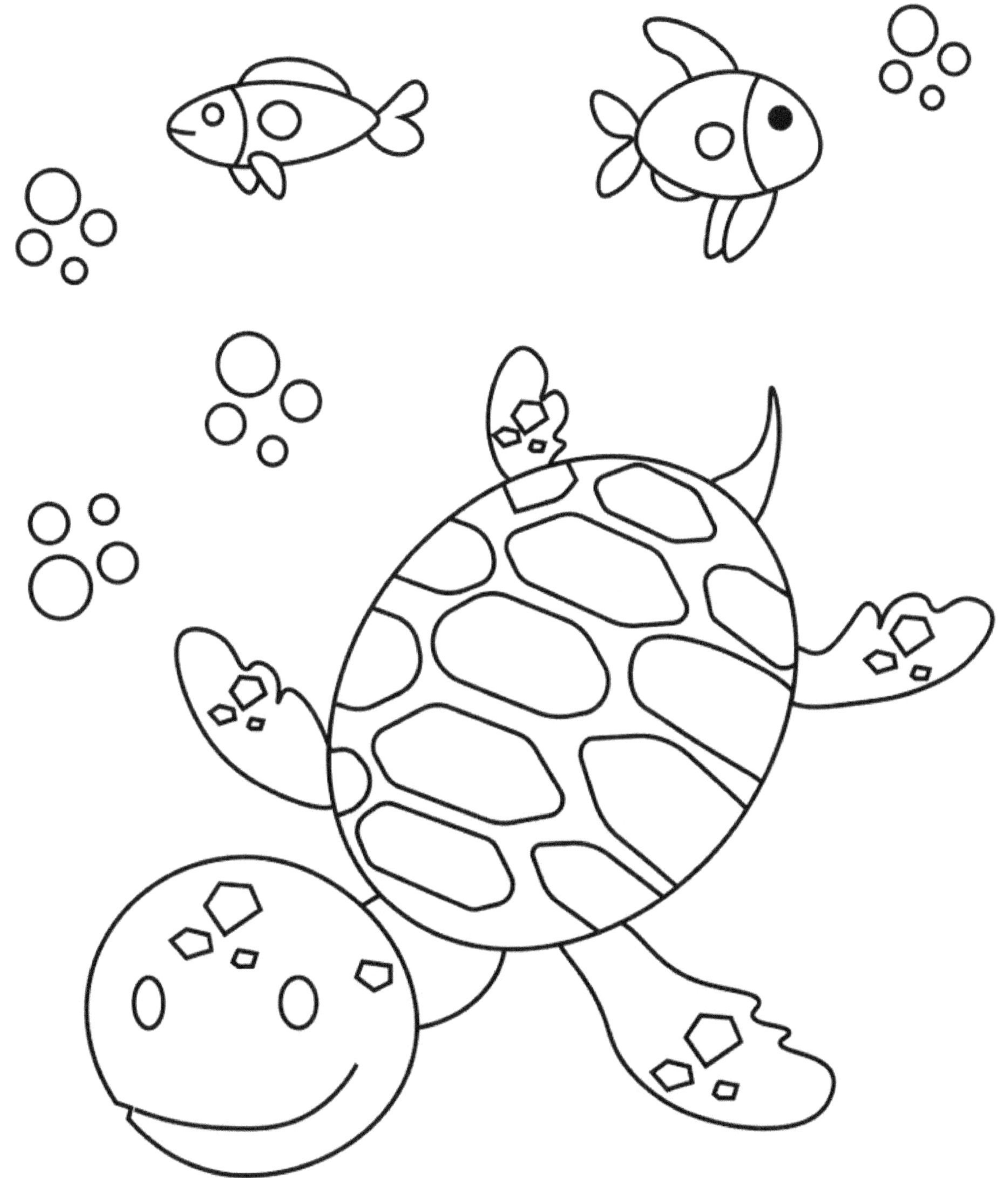

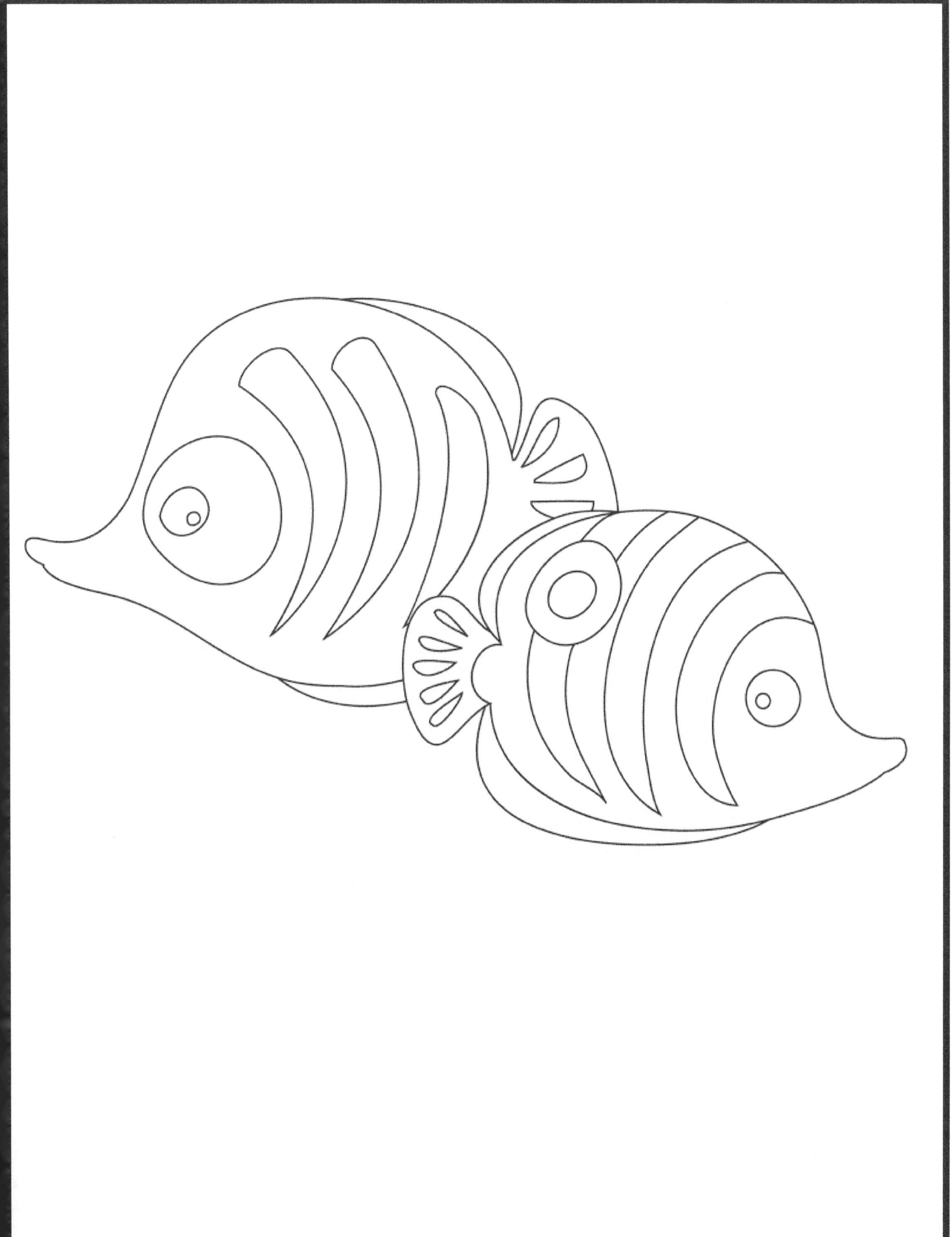

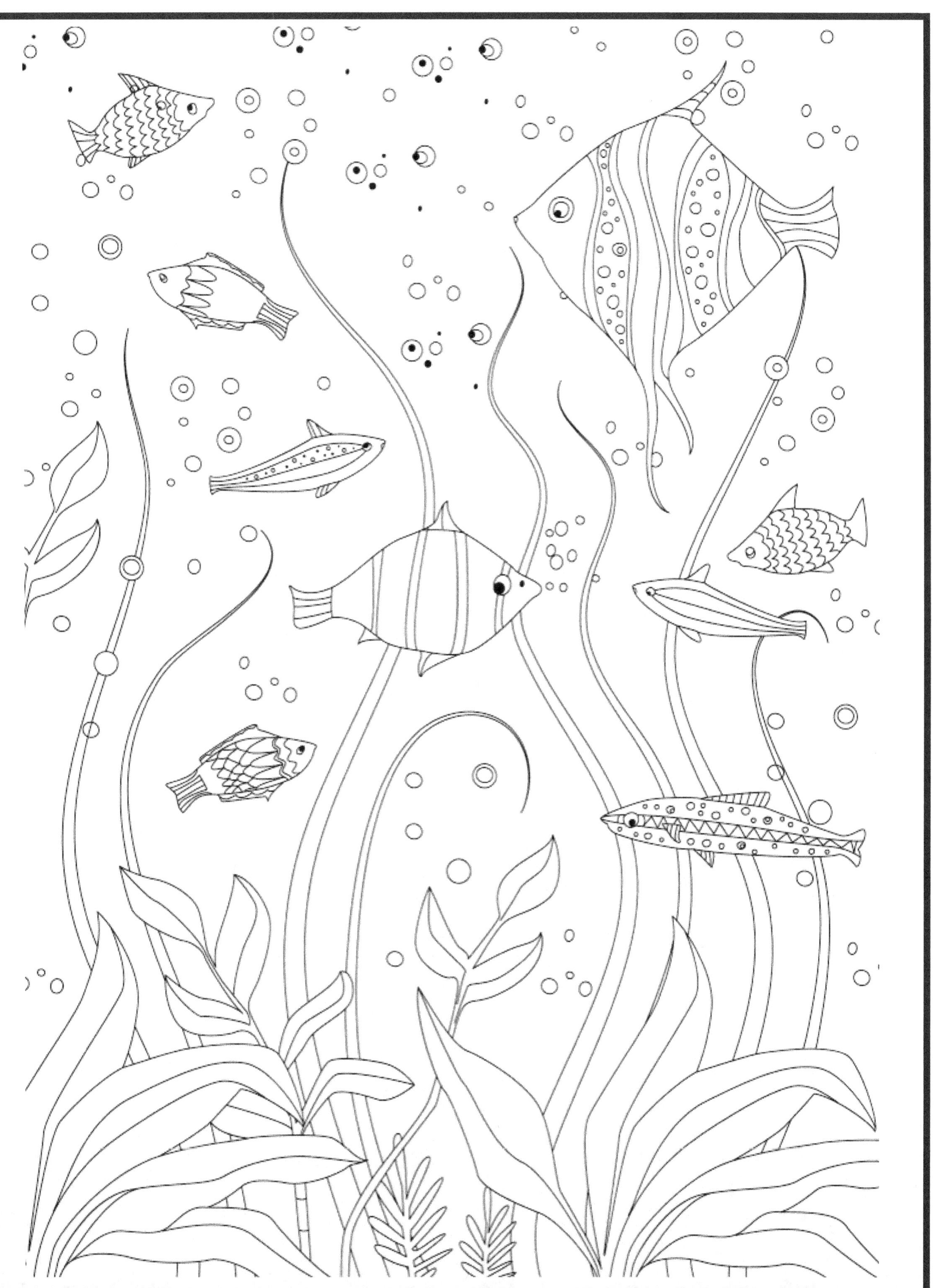

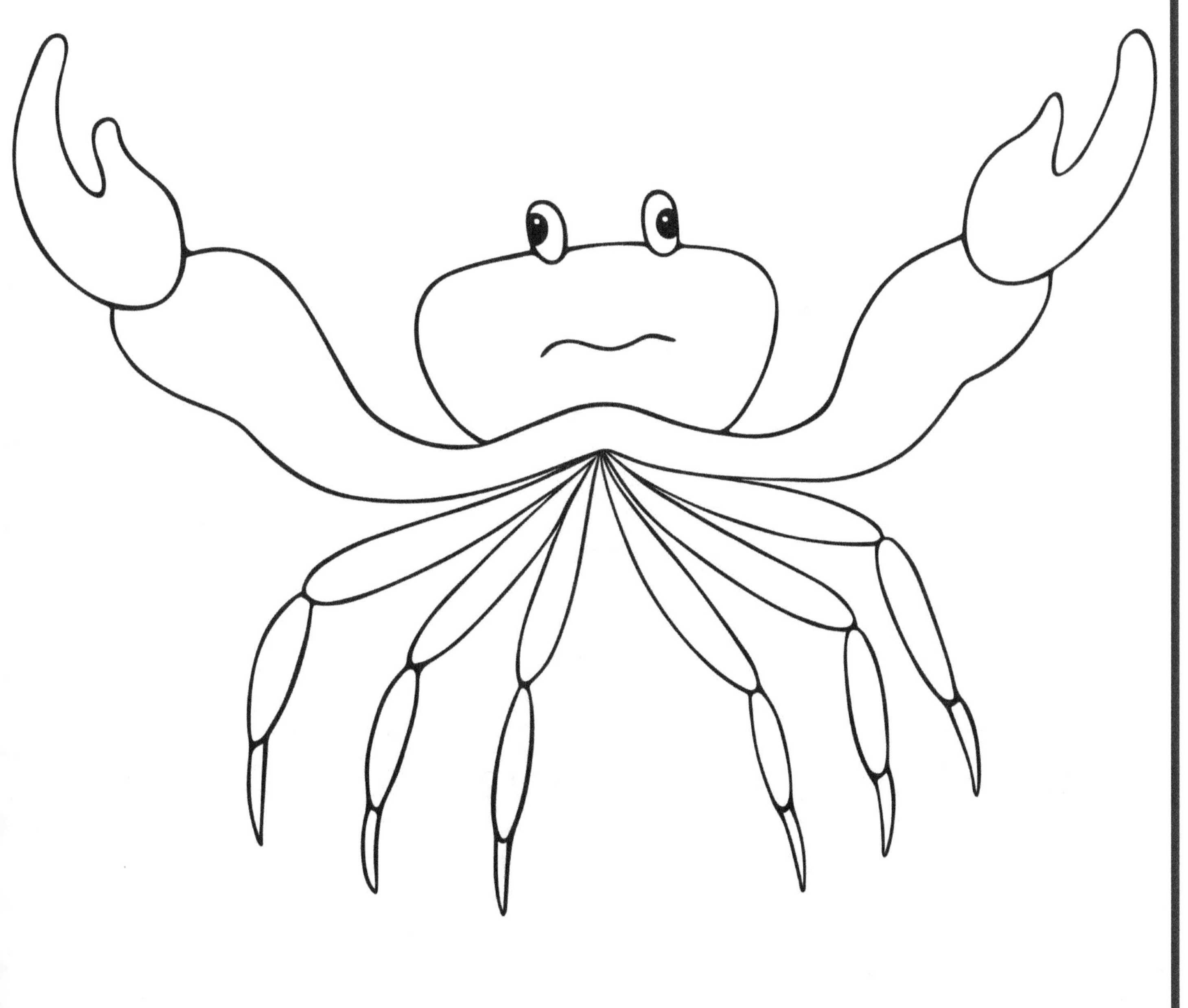

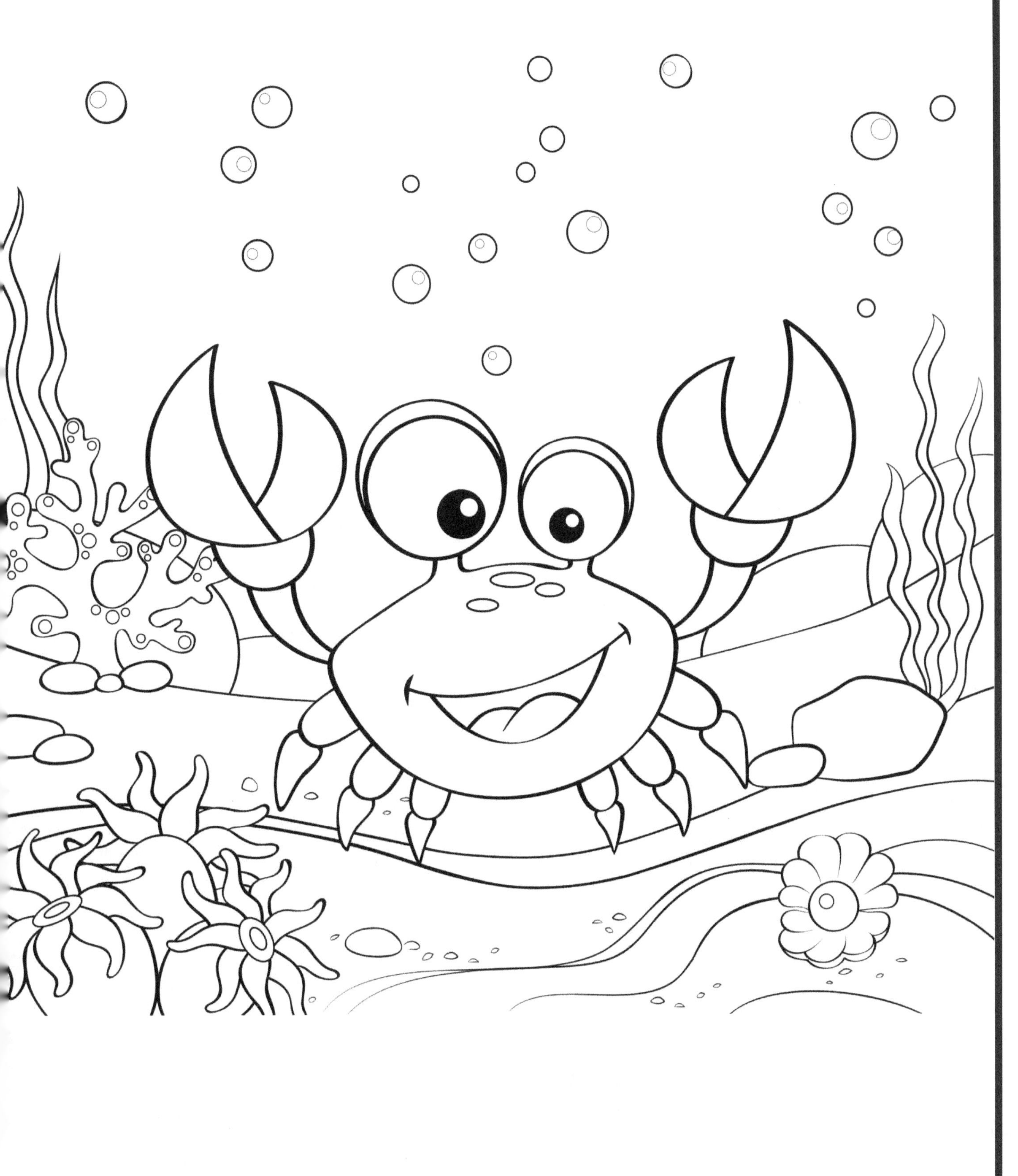

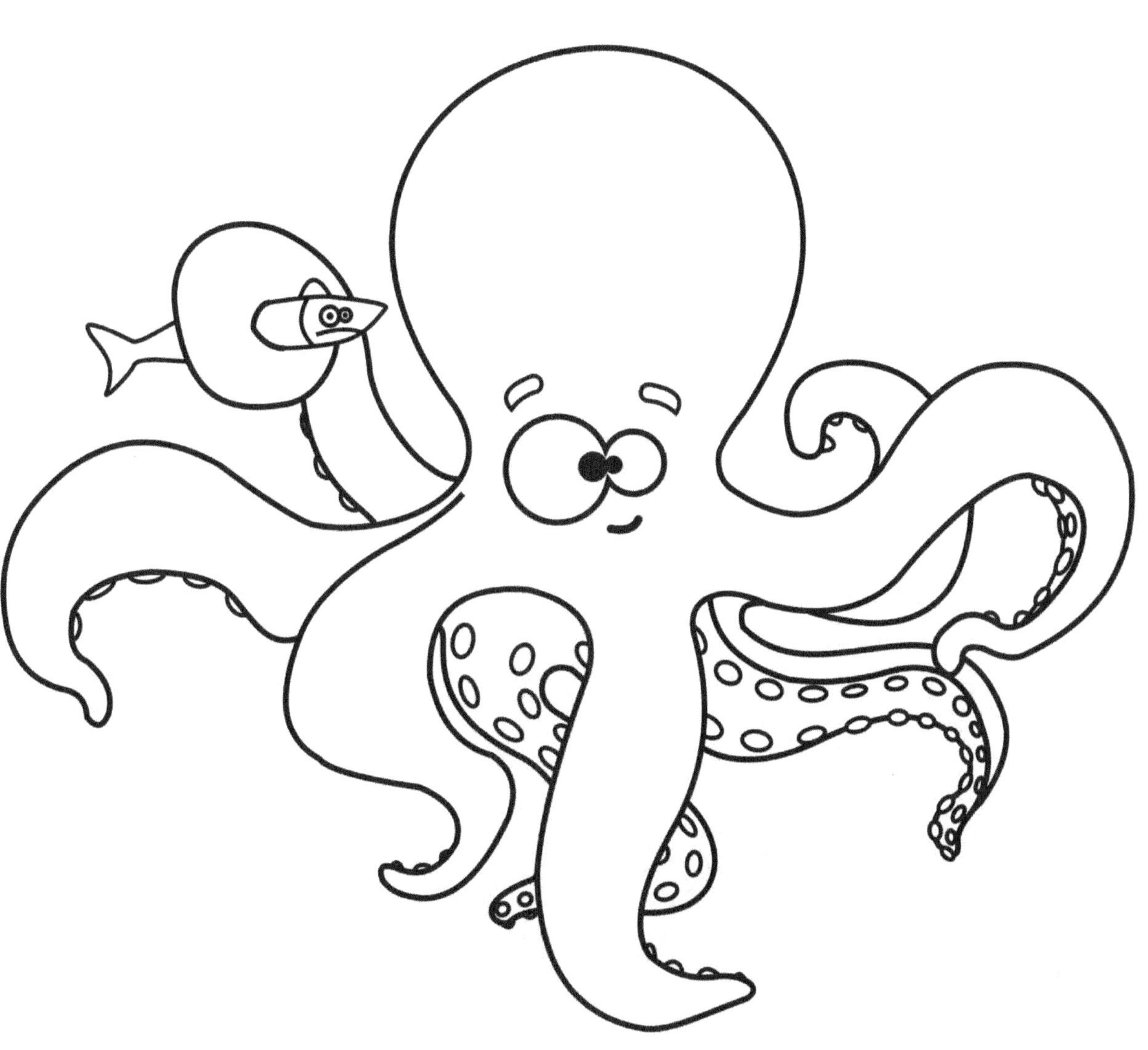

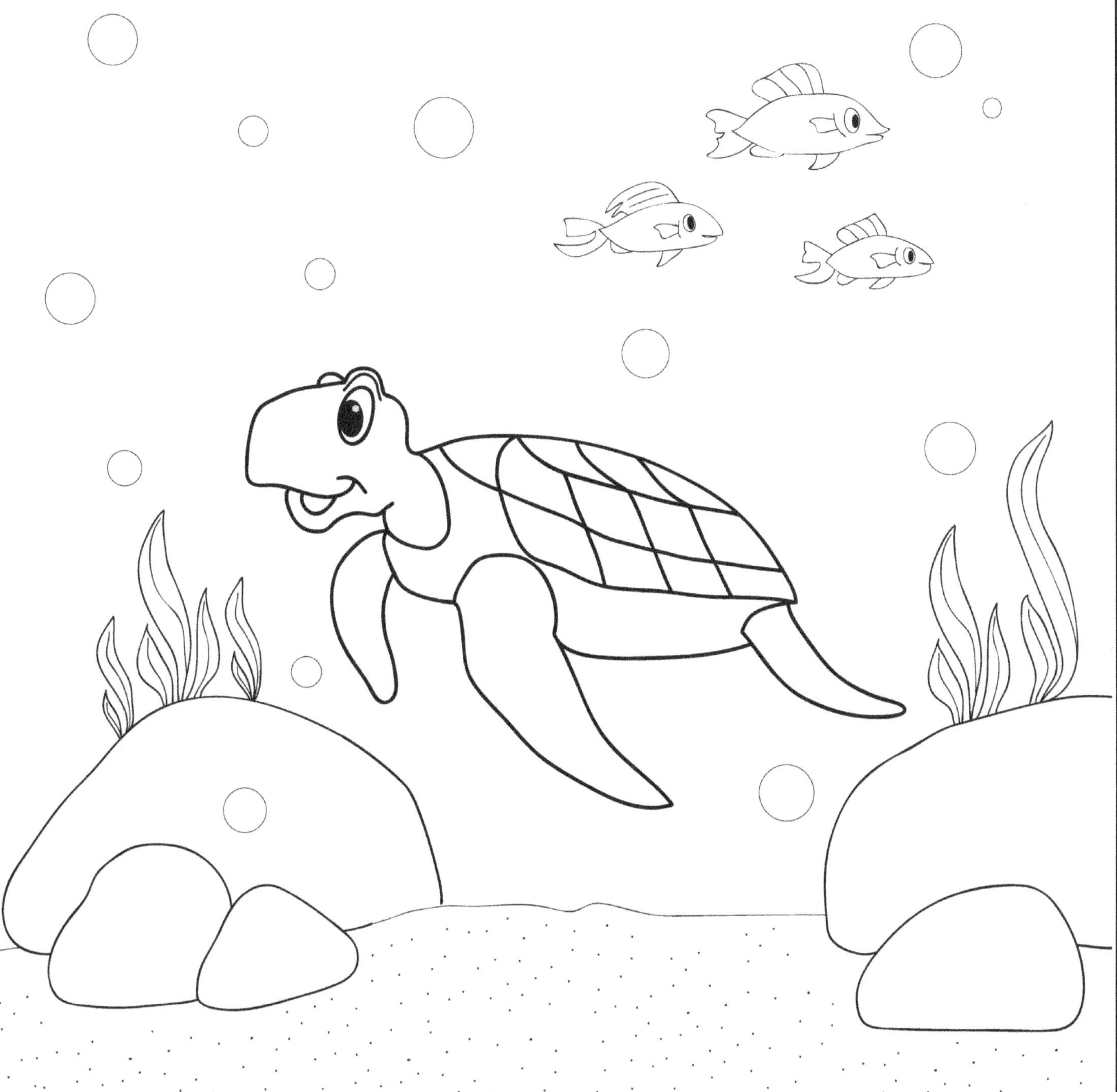

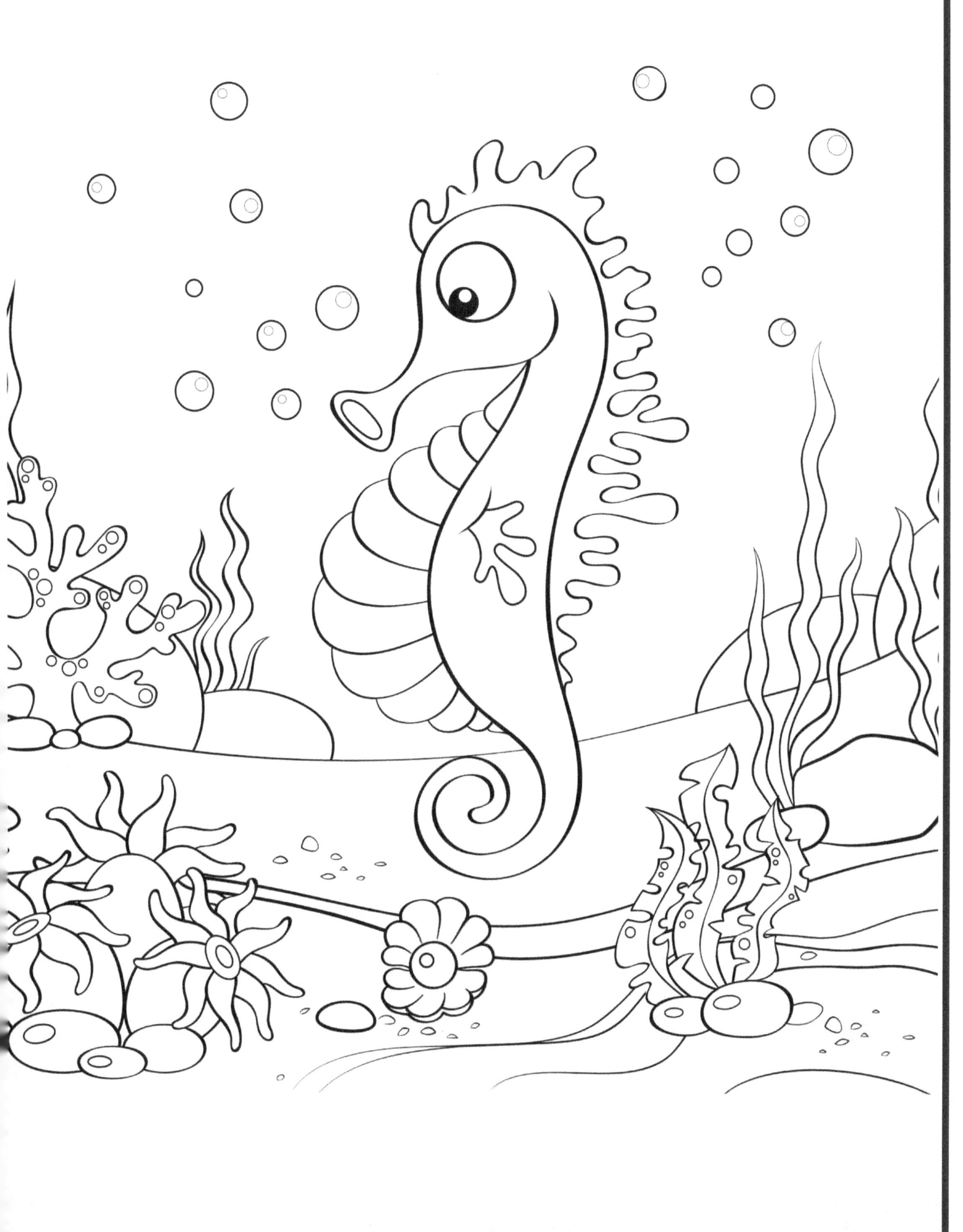